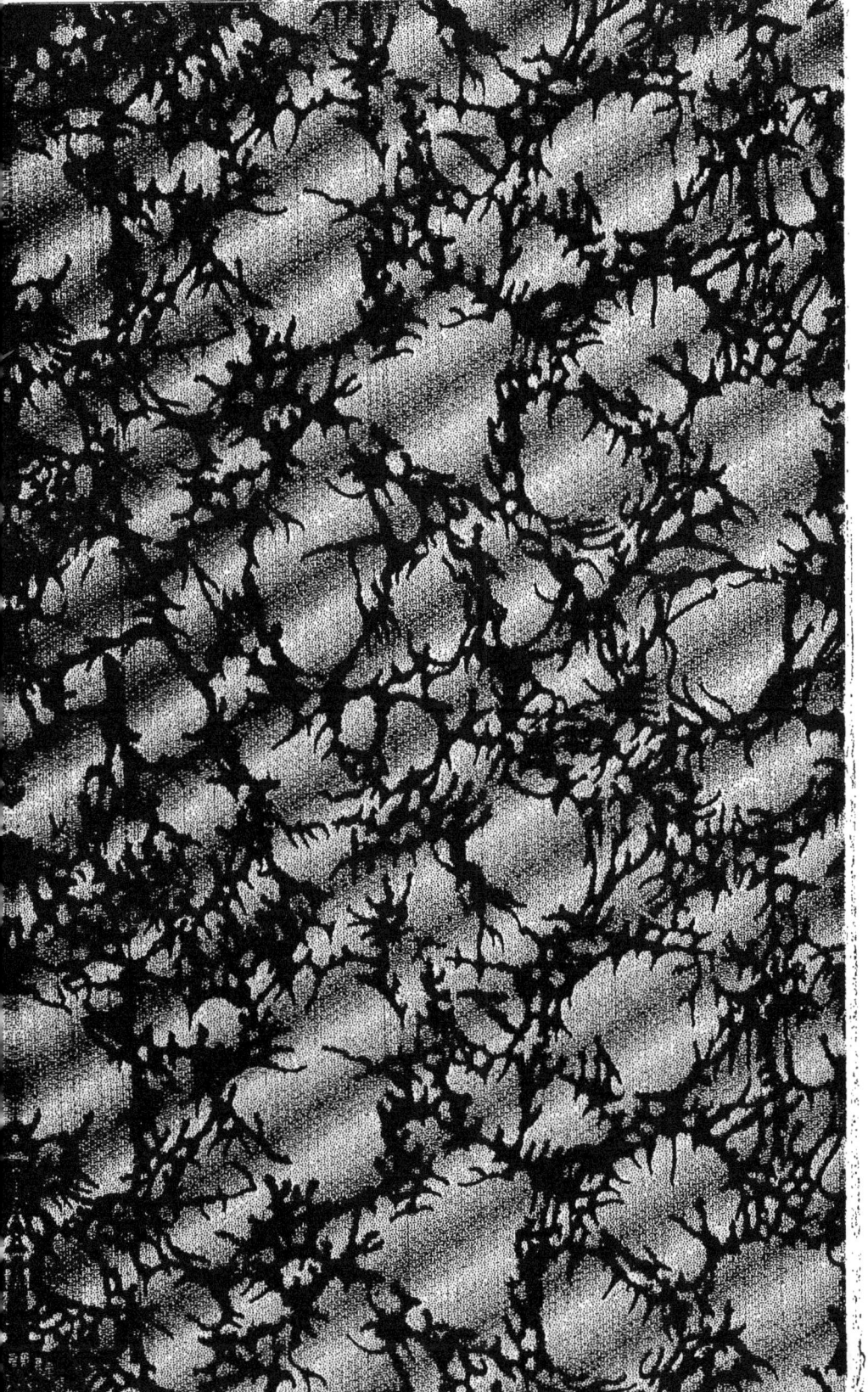

COUP D'ŒIL HISTORIQUE

SUR LA

PROJECTION

DES

CARTES DE GÉOGRAPHIE

NOTICE LUE A LA SOCIÉTÉ DE GÉOGRAPHIE DE PARIS
DANS SA SÉANCE PUBLIQUE DU 19 DÉCEMBRE 1862

PAR M. D'AVEZAC

PRÉSIDENT DE LA COMMISSION CENTRALE,

MEMBRE ÉTRANGER, HONORAIRE OU CORRESPONDANT
DES SOCIÉTÉS GÉOGRAPHIQUES
DE LONDRES, DE GENÈVE, DE FRANCFORT, DE BERLIN, DE VIENNE, ET DE BOMBAY,
ET DE DIVERSES AUTRES ACADÉMIES ET SOCIÉTÉS SAVANTES
FRANÇAISES ET ÉTRANGÈRES.

PARIS

IMPRIMERIE DE E. MARTINET,
RUE MIGNON, 2.

1863

COUP D'OEIL HISTORIQUE

SUR

LA PROJECTION

DES

CARTES DE GÉOGRAPHIE

EXTRAIT DU BULLETIN DE LA SOCIÉTÉ DE GÉOGRAPHIE.

(AVRIL, MAI et JUIN 1863.)

COUP D'ŒIL HISTORIQUE

SUR LA

PROJECTION

DES

CARTES DE GÉOGRAPHIE

NOTICE LUE A LA SOCIÉTÉ DE GÉOGRAPHIE DE PARIS

DANS SA SÉANCE PUBLIQUE DU 19 DÉCEMBRE 1862

PAR M. D'AVEZAC

PRÉSIDENT DE LA COMMISSION CENTRALE,

MEMBRE ÉTRANGER, HONORAIRE OU CORRESPONDANT
DES SOCIÉTÉS GÉOGRAPHIQUES
DE LONDRES, DE GENÈVE, DE FRANCFORT, DE BERLIN, DE VIENNE, ET DE BOMBAY,
ET DE DIVERSES AUTRES ACADÉMIES ET SOCIÉTÉS SAVANTES
FRANÇAISES ET ÉTRANGÈRES.

PARIS

IMPRIMERIE DE E. MARTINET,

RUE MIGNON, 2.

1863

TABLE DES MATIÈRES

Note préliminaire.	vi
I. — Sujet de ce discours.	1
II. — Ce que c'est que la Projection ; ses variétés ; mérites relatifs des inventeurs, des calculateurs de formules, et des simples vulgarisateurs.	3
III. — Premières cartes connues par l'histoire : mappemondes d'Anaximandre, d'Hécatée, de Démocrite, d'Eudoxe ; vulgaires à Athènes au temps de Socrate et d'Aristophane. .	6
IV. — Progrès de la géographie positive au siècle d'Alexandre ; mappemonde de Dicéarque, et son diaphragme.	9
V. — Les premières évaluations de la grandeur de la Terre (dues peut-être à Archytas de Tarente et Aristarque de Samos) remplacées par un mesurage effectif d'Ératosthènes ; sa mappemonde à projection plate ; projection perspective qui peut lui être attribuée.	12
VI. — Hipparque divise le cercle en 360° de 700 stades ; il est l'auteur de la projection nommée Planisphère, et probablement aussi de l'Analemme, appelées aujourd'hui stéréographique et orthographique.	16
VII. — Cartes du siècle d'Auguste ; règles de projection de Strabon ; mappemonde d'Agrippa, et ses diverses copies à Rome et dans les provinces ; mappemonde graduée de Marin de Tyr, à un degré pour 500 stades.	20
VIII. — Ptolémée établit pour le tracé de sa mappemonde deux nouvelles projections, l'une représentant le développement du cône tangent, l'autre homéotère spécialement en usage aujourd'hui au Dépôt de la guerre ; illusion de ceux qui supposent une perspective régulière à la Table peutingérienne.	24
IX. — Invasion des Barbares : pallidine gothique projetée sur le cadran des heures au zénit de Ravenne.	30
X. — Mérite géographique des Arabes démenti par leurs cartes ; la mappemonde d'el Edrysy n'est elle-même qu'une œuvre malhabilement tracée.	33
XI. — Cartes nautiques construites sur la rose des vents avec une admirable précision par les Génois, les Vénitiens, et les Catalans imités plus tard par les Portugais.	37
XII. — Rénovation Ptoléméenne ; altération trapéziforme de ses cartes plates de détail ; cartes nouvelles : Dom Nicolas d'Allemagne, Jenn Ruysch, Bernard de Sylva, Martin Waltzemüller.	41
XIII. — Le Planisphère d'Hipparque appliqué à la géographie sous les divers aspects horizontal, polaire et équatorial, par Jean Werner, Gaultier Lud, et Oronce Fine.	45
XIV. — Équidistance des coordonnées introduite dans la projection orthographique par Apianus, adoptée et vulgarisée par Cabot, Munster et Ortelius dans des mappemondes en une seule figure ovale.	51

TABLE DES MATIÈRES.

XV. — Gérard Mercator créateur des cartes réduites pour la navigation ; introduit aussi la projection par développement du cône sécant, adoptée par Joseph-Nicolas Del'Isle. 56
XVI. — Projection polaire à parallèles équidistants de Guillaume Postel : carte hétéroclyte d'Octave Pisani. 62
XVII. — Le glaréan Loritz fait connaître la projection des enveloppes planes destinées à recouvrir les globes ; publication de Gemma frison, de Rojas, de Gastaldo, de Thevet, de Jacques Severt. 67
XVIII. — Le père d'Aguillon propose les dénominations d'orthographique et de stéréographique ; diverses projections rappelées ou proposées par le père Fournier ; projections décrites par Varenius et Newton. 74
XIX. — Nicolas Sanson introduit la projection sinusoïdale adoptée cinquante après par Flamsteed. 80
XX. — Projection équatoriale à coordonnées circulaires équidistantes de Nicolosi, suivie par DuVal et Guillaume Del'Isle ; projections perspectives opistères de La Hire et de Parent. 83
XXI. — De quelques projections décrites dans le traité de la Construction des Cartes et des Globes, de l'anglais Mead. . . 89
XXII. — La projection de Cassini, la même que la carte plate vulgaire. 93
XXIII. — Développements isoconiques de Murdoch et d'Albers ; projection conique orthomorphe de Murdoch, exposée par Albers, employée par Harding, formulée par Gauss et par Herschel. 94
XXIV. — Mountaine introduit dans une acception générale la dénomination de globulaire, qu'Aaron Arrowsmith spécialise aux projections à coordonnées équidistantes de Nicolosi et de Postel. 100
XXV. — Lambert propose diverses projections zénitales dans les systèmes globulaire, isosphérique et isocylindrique, avec transformation ultérieure des coordonnées. 103
XXVI. — Lorgna, Cagnoli, Textor, simples reproducteurs des diverses projections de Lambert. 108
XXVII. — Application à la géographie de la projection centrale, méditée par Prôny, effectuée par Reichard et par Élie de Beaumont. 111
XXVIII. — Projection subglobulaire de Schmidt, origine occasionnelle de la projection de Mollweide que Babinet a propagée sous la dénomination d'homalographique. 114
XXIX. — Lowry reprend la projection de La Hire, qui donne aussi naissance aux projections opistères apocentriques de James et de Clarke ; projection compensative proposée par Airy ; projection de l'enveloppe des globes appliquée aux cartes par James et O'Farell. 119
XXX. — Nombreuses lacunes reconnues dans cet Aperçu général. . 126
Épilogue. 128
   1° Récapitulation chronologique. 128
   2° Classification et nomenclature. 138
Tableau synoptique des divers modes de projection des cartes de géographie classés méthodiquement d'après le principe de leur construction. 150

NOTE PRÉLIMINAIRE.

Les pages que voici ont été rédigées à l'intention d'une lecture publique : elles devaient donc être courtes et rapides ; et cependant, inspirées par le désir de rectifier les erreurs (et par suite les injustices) de la commune renommée, à l'égard des inventeurs véritables des divers procédés connus de représentation graphique de notre globe ou de ses parties, elles devaient, autant que possible, embrasser toute la série des systèmes qui ont successivement été mis au jour pour cet objet, et les caractériser un à un, pour les faire reconnaître sous les noms différents que des amours-propres individuels ou collectifs de mauvais aloi ont pu faire accepter par l'ignorante insouciance du vulgaire : il fallait donc en même temps, en cette esquisse rapide, des traits suffisamment accusés pour que les questions se présentassent toujours nettement indiquées, et dès lors par le fait résolues.

Le sujet est aride en son essence, et devait n'être qu'effleuré, par égards pour un auditoire où les gens du monde, et même quelques personnes d'un sexe que les formes scientifiques effrayent, voulaient bien venir prendre place autour d'un petit nombre d'adeptes. L'auteur s'appliqua à faire de son mieux ; et quand il eut écrit et compté ses feuillets, au matin même du jour de sa lecture, il les reconnut bien incomplets, et néanmoins trop nombreux pour le temps que l'indulgence de ses auditeurs pourrait lui accorder ; il se mit aussitôt à rayer au crayon tout ce qu'il serait possible, sans trop de disparates, de laisser sous-entendu dans une émission orale limitée à un maximum de trente minutes : c'était une réduction de plus d'un tiers.

Mais, à l'impression, il n'était plus nécessaire de tenir compte de ces retranchements extemporanés, d'où résultaient de véritables lacunes, mal déguisées par quelques transitions insuffisantes. Acceptées à l'audition comme un expédient de circonstance qui ne demeurait point inaperçu et qui portait avec soi son excuse, ces lacunes n'auraient plus été, pour des lecteurs réfléchis, que de choquants ressauts, d'inexcusables omissions : elles ne devaient donc pas être maintenues, et cet Aperçu, sauf peut-être çà et là quelques rares et légères retouches, est en conséquence donné ici en son entier tel qu'il avait été primitivement écrit ; et en outre, afin de le rendre plus utile par la désignation expresse des sources où les éléments en avaient été recueillis, par la définition plus précise de certains détails, par l'indication de quelques-uns au moins des travaux les plus remarquables qui, sans être oubliés par la mémoire du rédacteur, avaient été forcément négligés dans ces feuilles écourtées ; pour suppléer en un mot à la brièveté de ce discours d'une demi-heure, des notes assez nombreuses et assez étendues y ont été jointes après coup ; et dans cette recension complémentaire, à l'intention surtout des savants, qui n'ont guère le loisir et se donnent rarement le souci d'aller vérifier dans les auteurs originaux les témoignages indiqués par de simples renvois, un soin particulier a été mis à placer textuellement sous leurs yeux, au moins en ce qu'il y a de plus essentiel, les passages qu'il importe de signaler à leur appréciation. Finalement, un épilogue a été ajouté pour résumer en un tableau sommaire la chronologie, le classement d'ensemble et la nomenclature des divers procédés de construction des canevas géographiques appelés vulgairement des projections.

L'auteur sent bien qu'il lui faut réclamer pour son travail, tel que le voilà, beaucoup d'indulgence de la part de ceux qui le trouveront trop court, et beaucoup plus encore de la part de ceux qui le trouveront trop long. L'attention courtoise et bienveillante avec laquelle sa lecture a été écoutée, lui laisse espérer qu'il obtiendra grâce également devant les juges, plus difficiles peut-être, auxquels il soumet humblement aujourd'hui ce modeste opuscule.

COUP D'ŒIL HISTORIQUE

SUR

LA PROJECTION

DES

CARTES DE GÉOGRAPHIE

I.

Il est dans la nature des œuvres humaines de ne point arriver de plain saut à la perfection relative où peut atteindre notre débile intelligence : un tel privilége est exclusivement réservé à la suprême sagesse, et Jupiter seul a pu tirer de son cerveau Pallas tout armée. — Dans la géographie, aussi bien qu'en toute autre étude où nous puissent engager les plus nobles vocations de notre esprit, le faisceau de notions et de doctrines que nous décorons du nom de science, est lent à se former : si lent, que bien des fois se rompt le fil des traditions, et que le progrès naturellement éclos à son heure, isolé du souvenir de l'incubation séculaire qui l'a préparé, se révèle soudain comme une découverte inattendue, et en quelque sorte comme une création spontanée.

Mais à son tour, la vulgaire " sagesse des nations "

répète son inexorable paradoxe : « il n'est rien de nouveau sous le soleil », ou bien : « il n'y a de nouveau que ce qui est oublié »; et c'est dès lors une recherche toute naturelle et digne de notre curiosité, que celle des précédents obscurs, des origines perdues, de la généalogie en un mot, si l'on peut ainsi parler, des faits et des idées longtemps restés en germe, qui se traduisent, à un jour donné, en nouveautés retentissantes, inscrites alors avec solennité au livre d'or des fastes scientifiques.

Je n'ai pas le dessein d'aborder ici quelqu'une de ces grandes questions épiques, telles que ces controverses de priorité dans les découvertes maritimes ou continentales, où s'exaltent et se passionnent les amours-propres nationaux (1) ; le sujet sur lequel j'ai le désir, bien plus que l'espoir, d'arrêter aujourd'hui pour quelques instants votre attention, est d'un intérêt beau-

---

(1) Nous avons eu autrefois à soutenir, devant la Société de géographie, des luttes de cette nature, en faveur de quelques précurseurs méconnus, contre les prétentions trop exclusives des découvreurs officiels, dans divers mémoires que nous nous permettons de rappeler ci : — D'une part : 1° Notice des découvertes faites au moyen âge dans l'océan Atlantique, antérieurement aux grandes explorations portugaises du xve siècle, 1845 ; — 2° Note sur la première expédition de Béthencourt aux Canaries, et sur le degré d'habileté nautique des Portugais à cette époque, 1846 ; — 3° Note sur la véritable situation du mouillage marqué au sud du cap de Bugeder dans toutes les cartes nautiques, 1846 ; — 4° L'expédition génoise des frères Vivaldi à la découverte de la route maritime des Indes orientales au xiiie siècle (avec un " Post-scriptum " ultérieur), 1859 ; — D'autre part : 1° Considérations géographiques sur l'histoire du Brésil, 1857 ; — 2° Les voyages d'Améric Vespuce au compte de l'Espagne, et les mesures itinéraires employées par les marins espagnols et portugais des xve et xvie siècles, 1858.

coup moins vif; il s'agit simplement de ces représentations conventionnelles appelées vulgairement des *cartes* (2), et encore, à l'égard de ces cartes, n'ai-je en vue que leur partie la moins susceptible, à coup sûr, d'élégances ou de fantaisies graphiques, à l'endroit desquelles se puissent aventurer les familiarités ou les fleurs du langage : c'est au contraire leur élément le plus sec et le plus froid, le plus grave et le plus technique, tranchons le mot, c'est la *projection*, dont je viens me hasarder à scruter devant vous les origines, à suivre la filiation, à dérouler les annales.

II.

D'abord le mot de *projection* lui-même aurait toute une histoire, s'il nous fallait raconter comment il fut emprunté au langage commun par la langue spéciale des géomètres, et comment par des applications successives, tantôt plus larges et tantôt plus restreintes, il est venu à signifier aujourd'hui, dans les opérations les plus usuelles de la géographie pratique, les divers modes de représentation à plat, sur le papier, de notre globe ou de quelqu'une de ses parties (1).

---

(2) Nous avons publié en 1836, dans l'*Encyclopédie nouvelle*, sous le titre CARTES GÉOGRAPHIQUES, un article (quelque peu mutilé par inadvertance à l'impression) où sont exposées les notions générales qu'il est indispensable de grouper autour de ce mot. Ce résumé avait été lu à la Société de géographie dans sa séance du 1ᵉʳ juillet de ladite année.

(1) Dans la rigueur onomastique, que l'usage n'a pas respectée, le

Cette opposition tranchée entre la forme sphérique de la terre et la surface plate sur laquelle il s'agit d'en transporter l'image, manifeste au premier coup d'œil la difficulté radicale de la question, qui se refuse en effet à une solution rigoureusement exacte. Cependant, comme les méridiens et les parallèles terrestres partagent la surface convexe du sphéroïde en une multitude infinie de quadrilatères étagés par rangées depuis l'équateur jusqu'aux pôles (où ce sont des triangles qui forment la dernière rangée), et comme on peut, sans inconvénient sensible, considérer chacun de ces trapèzes élémentaires comme offrant une surface plane, le problème se résout en définitive à figurer sur le papier (ou sur tel autre plan qu'on aura choisi) des séries de quadrilatères se succédant et s'étageant entre eux d'une manière analogue à la disposition des facettes supposées du solide sphéroïdal ; ou, en d'autres termes, à tracer à plat les lignes représentatives des méridiens

mot de projection devait être réservé aux représentations directement obtenues d'après les lois de la perspective. Il a pu être étendu avec quelque apparence de raison aux développements qui supposaient l'existence d'une projection directe antérieure sur la surface développable ; mais toute distinction a bientôt été perdue de vue, et le nom de projection s'applique vulgairement aujourd'hui à tout canevas de carte géographique. Cependant, si l'on voulait tenter de rétablir quelque exactitude dans la nomenclature relative à cet objet, c'est le mot de *construction* qu'il faudrait adopter comme appellation générale, comprenant, en trois catégories distinctes, les *projections* assujetties aux lois de la perspective, les *développements* subordonnés aux conditions de corrélation de la sphère avec les surfaces développables, et les *systèmes* de représentation fondés sur des combinaisons purement conventionnelles.

et des parallèles terrestres, en un réseau (2) qui formera le *canevas* (3) de la carte.

Or, nous savons tous que pour effectuer ce tracé, l'on peut recourir à trois procédés divers de représentation : les vues perspectives, les développements de surfaces osculatrices, et les systèmes conventionnels. Nous en savons même tous bien davantage, car dans chacune de ces trois séries de problèmes indéterminés nous connaissons une quantité de solutions variées, quelques-unes parvenues à une sorte de vulgarité, d'autres au contraire restées en dehors de l'usage commun, toutes pourvues de dénominations plus ou moins exactes, destinées à caractériser chacune d'elles, quelquefois par son aspect matériel, mais plus régulièrement par ses propriétés spéciales, ou bien par le souvenir de son inventeur (ce qui n'est que justice), ou par celui du savant ingénieux qui en aura calculé et traduit en formules les lois mathématiques (ce qui n'est peut-être pas d'une aussi complète équité), ou encore par celui d'un simple vulgarisateur se substituant à l'auteur primitif (ce qui n'est plus équitable du tout).

Rien qu'à ces quelques mots, à mesure que je parle, je vois affluer sur vos lèvres tout un catalogue de dénominations et de noms propres, où se pressent, au premier rang, les projections stéréographique, centrale, ortho-

---

(2) L'usage a plus particulièrement consacré le nom de *réseau* à l'assemblage des triangles déterminés sur le terrain par les grandes opérations géodésiques.

(3) Le mot de *châssis* est souvent employé aussi comme synonyme de *canevas*.

graphique, globulaire, plate, réduite, conique, homalographique..., et les noms de Ptolémée, de Mercator, de Flamsteed, de La Hire, de Cassini, de Murdoch, de Lambert, d'Herschel..., et ceux de Wright, d'Euler, de Lagrange, de Delambre, de Gauss... et cent autres encore.

Oui, tous nous savons cela, et c'est énorme! énorme... non sans doute le simple inventaire de la triple catégorie de projections décrites ou formulées par les adeptes, mais bien le bagage scientifique demeuré sous-entendu, et qui se résume en ces projections.

Or quelle est, historiquement, la part des temps et des hommes, ou plutôt la part de chaque époque ou de chaque inventeur, dans cet ensemble de notions et de doctrines perfectionnées qu'il nous est permis de grouper aujourd'hui autour du mot *projection*? Nous avons ici, comme en toute histoire, à percer l'obscurité des siècles pour y découvrir les plus anciens vestiges des essais tentés par les premiers pionniers qui ont ouvert la voie.

III.

Est-ce à dire que nous devions remonter jusqu'aux lueurs incertaines qui nous laissent deviner plutôt qu'apercevoir, dans les plus vieux souvenirs de l'antiquité (1), quelque douteux semblant de chorographies cadastrales en Égypte et en Palestine? Nous sied-il

---

(1) HÉRODOTE, liv. II, ch. CIX. — *Biblia sacra, lib. Josue,* cap. XVIII, vv. 4, 8, 9. La version grecque des Septante, pas plus que le texte

même de parler de prétendues cartes de Sésostris (2), rappelées seulement en de poétiques et tardives allusions ?

En descendant jusqu'au vi^e siècle avant notre ère, inauguré par les grands noms de Thalès et de Pythagore, nous trouverons du moins la sphéricité de la terre désormais enseignée (3), et la trace des déclinaisons solaires mesurée à sa surface par le gnomon et les horoscopes ou cadrans (4) ; et quand les géographes ul-

---

hébreu, n'établit sans conteste qu'il fut dressé une représentation graphique du pays exploré ; mais c'est le sens le plus probable.

(2) APOLLONII Rhodii *Argonauticon*, lib. IV, vv. 272 à 281, et les scholies ; édit. de Brunck, in-8°, Leipzig 1810-1813, t. I, pp. 138-139 ; t. II, pp. 288 à 290 et 588 à 591.

(3) Ce n'est pas ici le lieu de discuter jusqu'à quel point est fondée l'opinion de ceux qui expliquent les idées de Thalès par une terre plate et orbiculaire, au milieu de la sphère concave du monde ; la confusion du simple disque terrestre émergé, avec le solide terraqué tout entier, a sans doute, comme le pensait FRÉRET (*Observations sur la géographie ancienne*, in-4°, Paris 1850, p. 92) après CELLARIUS (*Notitia orbis antiqui*, lib. I, cap. II ; in-4°, Leipzig 1701, t. I, p. 10), trop souvent faussé le sens véritable des doctrines professées sur ce point par l'école Ionienne, et le rafinement critique de certains érudits semble avoir trop facilement taxé d'inexactitude le dire des auteurs qui avaient peut-être compris mieux que leurs censeurs les systèmes cosmiques des anciens. Quoi qu'il en soit, nous ne craignons pas de nous en tenir à l'affirmation de PLUTARQUE en son *Traité des opinions des philosophes* (lib. III, cap. x, § 1) Θαλῆς καὶ οἱ Στωϊκοὶ καὶ οἱ ἀπ' αὐτῶν, σφαιροειδῆ τὴν γῆν [ἔφασαν]. — Quant à Pythagore et à son école, le doute nous paraît encore moins fondé, et nous acceptons sans scrupule le témoignage de DIOGÈNE de Laërte (lib. VIII, cap. I, sect. xix, § 25), que Pythagore faisait la terre sphérique, μέσην περιέχοντα τὴν γῆν, καὶ αὐτὴν σφαιροειδῆ.

(4) DIOGÈNE de Laërte, lib. II, cap. I, sectt. ij, iij, §§ 1, 2 : Μέσην

térieurs nous apprendront qu'Anaximandre disciple de Thalès traça le premier une carte géographique du monde (5), il faudra bien reconnaître que le problème des projections se trouvait dès lors posé par le fait, et qu'il fut nécessairement tranché ou résolu d'une manière quelconque, sans que nous ayons sur ce point aucune lumière plus précise.

La carte dont le milésien Aristagore s'aidait en ses négociations diplomatiques (6), et qu'on suppose lui avoir été fournie par son compatriote Hécatée (7), celles de Démocrite d'Abdère et d'Eudoxe de Cnide, dont le souvenir est confiné dans une obscure mention d'Eu-

---

τε τὴν γῆν κεῖσθαι, κέντρου τάξιν ἐπέχουσαν, οὖσαν σφαιροειδῆ.. .. Εὗρε δὲ καὶ γνώμονα πρῶτος, καὶ ἔστησεν ἐπὶ τῶν σκιοθήρων ἐν Λακεδαίμονι... τροπάς τε καὶ ἰσημερίας σημαίνοντα· καὶ ὡροσκόπια κατεσκεύασε. Καὶ γῆς καὶ θαλάσσης περίμετρον πρῶτος ἔγραψεν. Ἀλλὰ καὶ σφαῖραν κατεσκεύασε.

(5) STRABON, lib. I, cap. I, § 11 : φησὶν Ἐρατοσθένης Ἀναξίμανδρον..... ἐκδοῦναι πρῶτον γεωγραφικὸν πίνακα. — AGATHÉMÈRE, cap. I, § 1 : (voir la note 7 ci-après). — EUSTATHII *epistola de Commentariis in Dionysium periegetem* (édit. de Ch. Müller, Paris 1861, p. 208) : τῆς οἰκουμένης πινακογραφίαν. — FRÉRET (*ubi suprà*, pp. 90, 91, 92) semble avoir complètement perdu de vue ces désignations si précises de la carte d'Anaximandre, et ne s'être souvenu que du globe mentionné par Diogène de Laërte dans le passage cité à la note précédente.

(6) HÉRODOTE, lib. V, cap. XLIX.

(7) AGATHÉMÈRE, *ubi suprà* : Ἀναξίμανδρος..... πρῶτος ἐτόλμησε τὴν οἰκουμένην ἐν πίνακι γράψαι· μεθ' ὃν Ἑκαταῖος.... διηκρίβωσεν ὥστε θαυμασθῆναι τὸ πρᾶγμα. — EUSTATHE, *ubi suprà*, p. 208. — L'opinion d'Abraham Gronov, que la carte d'Aristagore n'était autre que celle d'Hécatée, a été généralement adoptée par les érudits, au premier rang desquels nous désignerons FRÉRET (*ubi suprà*, p. 94) et SAINTE-CROIX (*Historiens d'Alexandre*, in-4°, Paris 1804, p. 662), suivis par Uckert, Klausen et Reinganum.

stathe (8), étaient probablement de simples éditions nouvelles de la carte d'Anaximandre ; et c'est quelqu'une d'elles, sans doute, que Socrate faisait servir à dissiper les vaniteuses illusions d'Alcibiade (9), ou qu'Aristophane introduisait dans ses bouffonneries théâtrales (10).

IV.

Le siècle d'Alexandre le Grand vient à son tour éveiller notre curiosité sans la satisfaire davantage : Philolaüs et Aristote ont reproduit et développé la doctrine de la sphéricité de la terre aussi bien que du ciel (1) ; Diognètes et Béton ingénieurs du conquérant

---

(8) Eustathe, *ubi suprà*, p. 208 : μετὰ δὲ Δημόκριτος, καὶ τέταρτος Εὔδοξος.

(9) Æliani *Varia historia*, lib. III, cap. xxviii : ἤγαγεν αὐτὸν εἴς τινα τῆς πόλεως τόπον, ἔνθα ἀνέκειτο πινάκιον ἔχον γῆς περίοδον.

(10) Aristophane, *les Nuées*, vers 201 à 216 ; v. 206 : Αὕτη δέ σοι γῆς περίοδος. — Il n'est pas sans intérêt de remarquer dans Aristophane comme dans Elien, l'expression γῆς περίοδος pour désigner une représentation graphique.

(1) Diogene de Laërte, lib. VIII, cap. vii, sect. iij, § 85. — Plutarque, *de placitis Philosophorum*, lib. III, cap. xiii, § 2. — Aristote, *de Cœlo*, lib. II, cap. xiv, § 8 et seq. : Σχῆμα δὲ ἔχειν σφαιροειδὲς ἀναγκαῖον αὐτήν. — Ce n'est pas seulement la rotondité de la terre, mais même son mouvement oblique annuel autour du soleil et sa rotation diurne, qu'enseignait Philolaüs, et après lui Hicétas de Syracuse, particulièrement cité par Cicéron (*Academicæ quæstiones*, lib. IV, cap. xxxix), et généralement tous les Pythagoriciens (ἐπὶ μὲν γὰρ τοῦ μέσου πῦρ εἶναί φασι, τὴν δὲ γῆν ἓν τῶν ἄστρων οὖσαν κύκλῳ φερομένην περὶ τὸ μέσον, νύκτα τε καὶ ἡμέραν ποιεῖν. *De cœlo*, lib. II, cap. xiii, § 1`, comme le déclare Aristote, qui lui-même au contraire combat ouvertement cette doctrine.

macédonien (2), Néarque, Androsthènes et Onésicrite ses pilotes (3), ont relevé les étapes de l'armée et les escales des vaisseaux; Patrocles l'un des lieutenants de Séleucus Nicator (4), Mégasthènes et Déimaque ses ambassadeurs (5), Timosthènes l'envoyé de Ptolémée Philadelphe (6), ont recueilli des notions plus certaines sur les pays lointains de l'Orient; et le savant Dicéarque (7) a pu dresser à nouveau la carte du monde habité, celle-là même peut-être à l'exposition de laquelle Théophraste par son testament consacrait dans Athènes un portique voisin du Lycée (8) : mais qui

(2) Plinii *Naturalis historiæ* lib. VI, cap. xvii, sect. 21, § 61 : « Dioguetes et Bæton, itinerum ejus mensores »; lib. VII, cap. ii, sect. 2, § 11 : « Bæton, itinerum ejus mensor ». — Athénée, lib. X, sect. 59 : Βαίτων γοῦν, ὁ Ἀλεξάνδρου βηματιστής, ἐν τῷ ἐπιγραφομένῳ Σταθμοὶ τῆς Ἀλεξάνδρου πορείας.

(3) Strabon, lib. XV, cap. ii, § 4 : τὸ δὲ ναυτικὸν Νεάρχῳ καὶ Ὀνησικρίτῳ τῷ ἀρχικυβερνήτῃ παραδοὺς ἐκέλευσεν; lib. XVI, cap. iii, § 2 : Ἀνδροσθένη....., τὸν Θάσιον, τὸν καὶ Νεάρχῳ συμπλεύσαντα. — Pline, lib. VI, cap. xxiv, sect. 28, § 108.

(4) Strabon, lib. II, cap. i, §§ 2, 4 à 9. — Pline, lib. VI, cap. xvii, sect. 21, § 58.

(5) Strabon, lib. II, cap. i, § 9 : ὁ μὲν Μεγασθένης πρὸς Σανδρόκοττον, ὁ δὲ Δηίμαχος πρὸς Ἀλλιτροχάδην.

(6) Strabon, lib. IX, cap. iii, § 10 : Τιμοσθένης ὁ ναύαρχος τοῦ δευτέρου Πτολεμαίου ὁ καὶ τοὺς λιμένας συντάξας ἐν δέκα βίβλοις.

(7) « O magnum hominem! » s'écrie en parlant de lui son admirateur déterminé Cicéron (*Ad Atticum*, lib. II, epist. 2), qui multiplie dans ses œuvres les formules laudatives envers cet homme étonnant (« mirabilis vir », *ibidem*) dont il faisait ses délices (« deliciæ meæ Dicæarchus », *Tusculanæ disputationes*, lib. I, cap. xxxi).

(8) Dans Diogène de Laërte, lib. V, cap. ii, sect. xiv, § 51 : Ἀναθεῖναι δὲ καὶ τοὺς πίνακας, ἐν οἷς αἱ τῆς γῆς περίοδοί εἰσιν, εἰς τὴν κάτω στοάν.

nous dira sur quelle projection elle était assise? et suffit-il de savoir qu'elle était traversée d'ouest en est en son milieu (9) par un diaphragme ou ligne séparative courant depuis les colonnes d'Hercule, à travers la Sicile, Rhodes, et le Taurus oriental, jusqu'aux dernières hauteurs de l'Imaüs?—Non, ce n'est point assez encore pour conclure.

Quoi qu'il en soit, du moins le progrès ne pouvait-il être douteux depuis les tracés d'Anaximandre et d'Hé-

---

(9) AGATHÉMÈRE, cap. I, § 5 : Δικαίαρχος δ' ὁρίζει τὴν γῆν οὐχ ὕδασιν, ἀλλὰ τομῇ εὐθείᾳ ἀκράτῳ ἀπὸ Στηλῶν.... ἕως Ἰμάου ὄρους. Τῶν τοίνυν τόπων τὸ μὲν βόρειον, τὸ δὲ νότιον ὀνομάζει. — Cette ligne séparative de l'écumène en deux parties s'est conservée longtemps dans la cartographie ancienne : Eratosthènes l'avait expressément adoptée, comme le rapporte STRABON (lib. II, cap. I, § 1 : τὸν τῆς οἰκουμένης πίνακα γραμμῇ τινι διαιρεῖ δίχα ἀπὸ δύσεως ἐπ' ἀνατολήν). On s'accorde à lui donner caractéristiquement le nom expressif de *diaphragme*, et le traducteur allemand de Strabon, le savant GROSSKURD (*Strabons Erdbeschreibung*, in-8°, Berlin 1831, t. I, pp. 109-110, note 1) dit formellement que cette dénomination est due à Eratosthènes lui-même : « Diese durch » die grösste Länge der bewohnten Welt gezogene Linie nannte Era- » tosthenes das Diaphragma, die Scheidewand, weil sie die ganze » bewohnten Welt in die südlichen und nördlichen Hälfte theilt. » Nous n'oserions, en face d'une déclaration aussi expresse, émettre un doute sur la réalité du fait, mais nous avouerons humblement notre inhabileté à découvrir, dans les anciens géographes grecs, la désignation de cette ligne importante par le nom que lui ont particulièrement consacré les érudits modernes. Le Périple de Scylax est terminé, dans l'unique manuscrit que nous en possédions, par deux petits appendices offrant des relevés de traversées maritimes d'Europe en Asie par le milieu de l'archipel grec, et qui sont l'un et l'autre intitulés de ce nom de Diaphragme, lequel revêt ici, comme on voit, une acception tout autre, savoir, celle qui appartiendrait proprement au mot Διαπόρευμα.

catée; si bien que l'illustre Hipparque (10) estimait assez haut les vieilles cartes de cette époque, pour les opposer, deux siècles plus tard, aux résultats adoptés par le grand Eratosthènes.

V.

Avec Eratosthènes seulement s'évanouissent les incertitudes ; et les progrès nouveaux se révèlent sous des formes moins vagues. Aristote avait bien pu énoncer une mesure conjecturale du tour de la terre, calculée par les mathématiciens de son temps (1), Archytas de Tarente par exemple (2) ; et plus tard Archimèdes aussi avait bien pu dire l'évaluation que d'autres à leur tour (3), Aristarque de Samos peut-être (4), en

---

(10) STRABON, lib. II, cap. I, §§ 2, 4, 22.

(1) ARISTOTE, de Cœlo, lib. II, cap. XIV, § 16 : Καὶ τῶν μαθηματικῶν ὅσοι τὸ μέγεθος ἀναλογίζεσθαι πειρῶνται τῆς περιφερείας, εἰς τετταράκοντα λέγουσιν εἶναι μυριάδας πεδίων. Il me semble qu'on s'est trop habitué à prendre dans le sens purement appellatif cette désignation des *mathématiciens*, et qu'il y aurait peut-être quelque motif de tenir compte ici de l'application spéciale qui était faite de cette qualification aux disciples de Pythagore.

(2) DIOGÈNE de Laërte, lib. VIII, cap. IV. — HORATII *Carmina*, lib. I, od. XXVIII :

« Te maris et terræ numeroque carentis arenæ
« Mensorem .... Archyta. »

Archytas remplit ainsi la triple condition d'être contemporain d'Aristote, d'être disciple de Pythagore, c'est-à-dire un *mathématicien*, et d'être un *mesureur* de la terre.

(3) ARCHIMEDIS syracusani *Arenarius, cum versione et notis Joh. Wallis*, Oxford 1676, in-8°, p. 9 (ou p. 320 de l'édition de Torelli) : Καίπερ τῶν πειραμένων ἀποδεικνύειν, καθὼς καί τοι παρακολουθεῖς, ἴσσαν αὐτὰν [περίμετρον τᾶς γᾶς] ὡς λ' μυριάδων σταδίων.

(4) Le nom d'Aristarque de Samos est le plus apparent de ceux qui

avaient pareillement hasardée. A ces estimes arbitraires, Eratosthènes, le premier, substitua un mesurage effectif (5), sans doute fort grossier dans l'exécution, mais qui reposait sur le principe fondamental de la corrélation simultanée des arcs semblables, tant entre eux qu'à l'égard des cercles respectifs auxquels ils appartiennent, dans les deux sphères concentriques de la terre convexe et du ciel concave.

Eratosthènes avait, de plus, adopté une division normale du cercle en soixante parties égales ou hexécostes (6) ; et l'on supposerait volontiers que la mappe-

figurent parmi les astronomes cités par Archimède dans l'exposé de la question qui fait le sujet de son *Psammite*, et ce qu'il en dit semble impliquer un mesurage, ou du moins une évaluation de la sphère terrestre, comme l'un des termes de la proportion qui doit conduire à l'estimation de la grandeur totale de la sphère des fixes.

(5) Le mesurage d'Eratosthènes (dont le résultat est fréquemment énoncé dans les auteurs anciens, parmi lesquels il nous suffit de désigner principalement Strabon et Pline) est spécialement raconté par Cléomèdes en sa *Théorie circulaire des phénomènes célestes*, lib. I, cap. x (p. 39 à 44 de l'édition de Schmidt, Leipzig 1832, in-8°) : il y expose que le chiffre obtenu fut de 250 000 stades, produit de l'arc terrestre de 5 000 stades compris entre Syène et Alexandrie, par le rapport de l'arc céleste correspondant, à l'égard du cercle entier. — Nous avons déjà hasardé dans une Note antérieure (*Bulletin de la Société de géographie* de janvier et février 1855, pp. 51 à 53) la conjecture que c'est Hipparque qui a porté ce chiffre à 252 000 stades, afin de le rendre exactement divisible par 360, nombre des subdivisions ou degrés qu'il proposa d'attribuer au cercle. — Voir ci-après, § VI, note 2.

(6) Geminus, en ses *Éléments d'astronomie*, cap. xiii (dans l'*Uranologion* de Petau, p. 31) : διαιρουμένου τε τοῦ μεσημβρινοῦ κύκλου εἰς μέρη ξ′, καλεῖται τὸ ἓν τμῆμα ἑξηκοστόν. — Strabon, lib. II, cap. v, § 7 : ὄντος δὴ κατ' Ἐρατοσθένη τοῦ ἰσημερινοῦ κύκλου σταδίων μυριάδων πέντε καὶ εἴκοσι καὶ δισχιλίων, τὸ τεταρτημόριον εἴη ἂν ἓξ μυριάδες καὶ

monde qui sortit de ses mains dut être construite sur un canevas où les méridiens et les parallèles auraient été espacés d'après ce module ; mais les indications qui nous en sont parvenues désignent uniquement les coordonnées de sa carte par le nom de certains lieux géographiques très inégalement répartis (7) : et ce que l'on en peut recueillir ne permet pas de douter que ce ne fût en définitive une projection plate, sur le parallèle moyen passant par Rhodes, avec les longitudes comptées de part et d'autre du méridien d'Alexandrie.

Ainsi, même au deuxième siècle avant notre ère, le plus savant homme de son temps projetait encore la représentation graphique de l'ensemble du monde connu, en la forme pure et simple d'un plan vulgaire, et c'est assez pour nous convaincre que nul autre non

τρισχίλιοι· τοῦτο δέ ἐστι τὸ ἀπὸ τοῦ ἰσημερινοῦ ἐπὶ τὸν πόλον πεντεκαίδεκα ἑξηκοντάδων, οἵων ἐστὶν ὁ ἰσημερινὸς ἑξήκοντα· τὸ δ' ἀπὸ τοῦ ἰσημερινοῦ ἐπὶ τὸν θερινὸν τροπικὸν τεττάρων. — Le nom d'*hexécoste* spécialement énoncé par Géminus, mis en parallèle de celui d'*hexécontade* employé par Strabon, fait ressortir l'impropriété de ce dernier terme, qui substituerait des soixantaines à des soixantièmes.

(7) FORBIGER (*Handbuch der Alten Geographie aus den Quellen bearbeitet*, Leipzig 1842-48, gr. in-8°, t. I, pp. 180 à 186) et Charles MÜLLER (*Strabonis Geographica*, pars altera, Paris 1858, gr. in-8°, pp. 800 à 802) font, après Gossellin, le relevé des parallèles et des méridiens désignés par Eratosthènes, et donnent comme lui une restitution de la carte du géographe grec, non sans quelques différences dignes d'examen, mais auxquelles ce n'est point ici le lieu de nous arrêter.— M. Müller est le seul qui ait distingué, ainsi qu'il convenait, les hexécostes d'Eratosthènes des degrés d'Hipparque.— WILBERG a publié à Essen en 1834 une dissertation ayant pour sujet spécial *Das Netz des allgemeinen Karten des Eratosthenes und Ptolemaeus, aus den Quellen dargestellt*, 32 pp. in-4°.

plus avant lui n'avait eu recours à des artifices de projection plus compliqués.

Lui-même cependant, en dehors de cette application effective du procédé le plus élémentaire, n'avait-il arrêté son attention sur aucune autre méthode possible de projeter l'écumène, et n'en aurait-il jamais conçu la figure en fonction, pour ainsi parler, du globe terrestre ? — Un ancien problème de projection spéciale, dans des conditions de perspective telles que l'œil devait apercevoir le parallèle de Syène d'Égypte ainsi que le méridien moyen comme des lignes droites vers lesquelles tous les autres méridiens et tous les autres parallèles tournaient leur concavité : ce problème, qui se rencontre trois siècles après dans Ptolémée (8) avec un essai de solution nouvelle, semble devoir remonter jusqu'à Ératosthènes, à en juger par les traces qu'il conserve de la division du cercle en hexécostes (9), établie par le savant cyrénéen, et dont l'usage ne se prolongea pas longtemps après lui.

(8) PTOLÉMÉE, *Géographie*, lib. VII, cap. VI (t. II, pp. 181 à 188 de l'édition stéréotype de Nobbe). — Nous avons eu occasion d'insérer dans le *Bulletin de la Société de géographie* de novembre 1862, une note consacrée à la Restitution de deux passages du texte que présentent toutes les éditions grecques de Ptolémée, l'un desquels se rapporte précisément à la projection dont il s'agit ici (voir les §§ IV à X, pp. 301 à 320).

(9) Voir au *Bulletin* cité dans la note précédente, l'observation consignée à ce sujet (pp. 302-303) avec le texte auquel elle se réfère, et rapprocher celui-ci du passage de Strabon que nous avons transcrit dans la note 6 ci-dessus.

VI.

Le grand astronome Hipparque (1) ne tarda pas, en effet, à y substituer la subdivision en 360 degrés (qui prévalut désormais, et qui s'est perpétuée jusqu'à nous), tout en conservant lui-même, à la circonférence entière, la mesure déterminée par Eratosthènes (2), avec l'appoint nécessaire pour assigner à chaque degré terrestre un nombre rond de 700 stades. Plus savant mathématicien qu'habile géographe, il discuta la mappemonde du cyrénéen, s'il en faut croire Strabon, avec une contestable justesse (3), et n'en dressa point lui-même de nouvelle (4), se bornant à noter, pour guider les géographes à venir, les apparences célestes de degré en degré dans toute l'étendue du "quart habitable" (5).

(1) Strabon, lib. II, cap. v, § 34 : Ἵππαρχος..... ὡς αὐτός φησι..... εἶναι τὸ μέγεθος τῆς γῆς σταδίων εἴκοσι πέντε μυριάδων καὶ δισχιλίων...... εἰ δή τις εἰς τριακόσια ἑξήκοντα τμήματα τέμοι τὸν μέγιστον τῆς γῆς κύκλον, ἔσται ἑπτακοσίων σταδίων ἕκαστον τῶν τμημάτων· τούτῳ δὴ χρῆται [Ἵππαρχος] μέτρῳ πρὸς τὰ διαστήματα ἐν τῷ λεχθέντι διὰ Μερόης μεσημβρινῷ λαμβάνεσθαι μέλλοντα.

(2) Voir ci-dessus § V, note 5. — Comparez Bernhardy, *Eratosthenica*, Berlin 1822, in-8°, pp. 57 à 62 ; et Letronne, *Mémoire sur cette question : Les anciens ont-ils exécuté une mesure de la Terre postérieurement à l'établissement de l'École d'Alexandrie ?* (Académie des Inscriptions, t. VI, pp. 261 à 323).

(3) Strabon, lib. II, cap. i, §§ 4, 5, 18, 19, 21, 22, 23, 29, 34, 35, 38, 41.

(4) Strabon, lib. II, cap. i, § 41 : Ἱππάρχῳ μὲν οὖν μὴ γεωγραφοῦντι, ἀλλ' ἐξετάζοντι τὰ λεχθέντα ἐν τῇ γεωγραφίᾳ τῇ Ἐρατοσθένους...

(5) Strabon, lib. II, cap. v, §§ 34 à 43 : ἀνέγραψε γὰρ, ὡς αὐτός

Préoccupé surtout de l'étude des cieux, il appliqua à la représentation des cercles imaginaires de la voûte étoilée un système de projection qui a traversé les âges et demeure l'un des plus usités encore de nos jours pour les représentations graphiques du globe terrestre. Dès longtemps déjà la construction des cadrans solaires plans avait de fait introduit l'usage de la projection gnomonique ou centrale, véritable tracé perspectif des cercles célestes vus de la terre, qui pour l'œil de l'homme occupe en apparence le centre du monde. La nouvelle projection d'Hipparque, appelée par les anciens du nom de *planisphère*, supposa la terre dans le plan même du tableau, et l'œil du spectateur diamétralement à l'opposite de l'hémisphère concave projeté.

Le témoignage explicite de Synèse, l'évêque de Ptolémaïs, qui se vantait d'avoir introduit dans l'application du même procédé des perfectionnements notables, ne permet aucun doute sur l'attribution légitime, à Hipparque, de cette projection (6), au sujet de laquelle

---

φησι, τὰς γιγνομένας ἐν τοῖς οὐρανίοις διαφορὰς καθ' ἕκαστον τῆς γῆς τόπον τῶν ἐν τῷ καθ' ἡμᾶς τεταρτημορίῳ τεταγμένων.

(6) Synesii episcopi Cyrenes *Opera quæ extant omnia*, Paris 1612, in-fol., pp. 306 à 312 : *De dono astrolabii ad Pœonium*; p. 310 : σφαιρικῆς ἐπιφανείας ἐξάπλωσιν, ταυτότητα λόγων ἐν ἑτερότητι τῶν σχημάτων τηροῦσαν· ἠνίξατο μὲν Ἵππαρχος ὁ παμπάλαιος καὶ ἐπέθετό γε πρῶτος τῷ σκέμματι, ἡμεῖς δὲ εἰ μὴ μεῖζον ἢ καθ' ἡμᾶς εἰπεῖν, ἐξυφήναμέν τε ἄχρι τῶν κρασπέδων αὐτὸ, καὶ ἐτελειώσαμεν. — (C'est par erreur que Synèse porte sur le frontispice de cette édition de ses œuvres le titre d'évêque de Cyrène ; c'était sa ville natale, mais son siége épiscopal était Ptolémaïs. Nous avons raconté son histoire dans le volume de l'*Afrique ancienne* de la collection de l'*Univers* publiée chez Didot, pp. 132 à 152).

il nous reste un traité spécial de Ptolémée (7). Sans avoir la même certitude à l'égard d'un autre système

(7) PTOLEMÆI *Planisphærium* ou CLAUDII PTOLEMÆI *Sphæræ aplanetis projectio in planum*. Ce traité ne nous est parvenu que dans une version latine faite au XIIe siècle sur une traduction arabe de l'original grec, lequel avait pour titre d'après SUIDAS, Ἅπλωσις ἐπιφανείας σφαίρας : il a d'abord été publié en 1507 à Rome, à la suite de la Géographie de Ptolémée dans la célèbre édition de Jean Cotta et Marc de Bénévent; puis en 1536 (à Bâle) dans un recueil de divers écrits relatifs à l'astronomie, intitulé : *Sphæræ atque astrorum cœlestium ratio, natura, et motus : ad totius mundi fabricationis cognitionem fundamenta*, in-4° (pp. 227 à 274) ; une troisième édition en a été donnée à Venise chez Alde en 1558 sous ce titre : PTOLEMÆI *Planisphærium*, JORDANI *Planisphærium*, Federici COMMANDINI urbinatis *in Ptolemæi Planisphærium commentarius in quo universa Scenographices ratio quam brevissime traditur ac demonstrationibus confirmatur*, in-4°. — La version arabe avait pour auteur un écrivain simplement désigné dans les éditions latines par le nom de Maslem, et dont les commentaires se mêlent par intervalles aux démonstrations de l'auteur original. L'édition de Bâle contient, de plus que les deux autres, une préface du traducteur latin, qui déclare avoir été aidé dans son travail par Robert *Cataneus*, et avoir terminé son œuvre *Tholosæ, calendis junii anno Domini MCXLIIII*. Le nom inscrit en tête de cette préface est celui de *Rodulphus Brughensis*. DELAMBRE (*Astronomie ancienne*, t. II, pp. 455 à 457) n'apportant pas à ces détails une suffisante attention, consigne dans son analyse l'énonciation que *Rodolphe de Bruges* aidé de *Robert de Catane* a accompli cette traduction à *Toulouse*, aux calendes de juin 1544 (au lieu de 1144) et il s'ingénie bien gratuitement à expliquer comment une traduction de 1544 aurait pu être imprimée dans un recueil daté de 1536. — Amable JOURDAIN (*Recherches critiques sur l'âge et l'origine des traductions latines d'Aristote*, Paris 1819, in-8°; 2e éd. 1843, pp. 100 à 104) a déjà remarqué, dans un manuscrit de la Bibliothèque impériale, le nom d'*Hermannus Secundus* au lieu de celui de Rodolphe de Bruges, qui lui-même dans un autre écrit se reconnait pour le disciple d'Hermann ; il en infère

de projection, sur lequel il nous est aussi parvenu un traité particulier du géographe alexandrin (8), il est infiniment probable que c'est à Hipparque également qu'il convient d'en faire honneur : cette autre méthode, qui se résolvait en une représentation perspective des cercles de la sphère supposés à une distance infinie, et dont l'usage s'est perpétué jusqu'à nos jours, était désignée par les anciens sous le nom d'*analemme*.

C'est seulement après de longs siècles que l'*horoscope*, la *planisphère* et l'*analemme*, invariablement restreints jusqu'alors aux pratiques de l'astronomie, reçurent enfin une application directe aux besoins de

---

qu'il s'agit d'*Hermann le Dalmate*, qui aurait été aidé par *Robert de Rétines*, et qui aurait achevé son œuvre à *Toulouse*, dans les calendes de juin 1143. — Un examen de manuscrits nous a donné lieu de constater que les éditions que nous possédons sont incomplètes, et nous a permis de déterminer avec précision le nom véritable, la nationalité, la profession, la résidence habituelle, tant du traducteur arabe que des traducteurs latins, l'âge du premier, et le lieu où les seconds ont accompli leur travail, détails jusqu'à présent ignorés ou entachés d'erreur, et enfin de recueillir un texte plus étendu, offrant un complément inédit d'une dixaine de pages. Il nous a paru convenable d'en faire l'objet exprès d'une notice spéciale, à publier ultérieurement.

(8) CLAUDII PTOLEMÆI *liber de Analemmate, a* Federico COMMANDINO urbinate *instauratus, et commentariis illustratus, qui nunc primum ejus opera e tenebris in lucem prodit. Ejusdem* Federici Commandini *liber de Horologiorum descriptione*; Rome 1562, in-4°. — Ce livre ne nous est connu, comme le précédent, que par une version latine; mais celle-ci paraît avoir été faite directement sur l'original grec, qui est perdu. Le commentaire de Commandino est intercalé dans le texte comme celui de Maslem pour le *Planisphère*, au lieu d'être mis à part à la suite, comme il avait fait lui-même dans sa première publication.

la géographie, et reçurent ultérieurement, dans ce nouvel emploi, les appellations nouvelles sous lesquelles nous les connaissons aujourd'hui.

VII.

La carte plate d'Eratosthènes demeura longtemps encore le type des mappemondes en circulation parmi les géographes, qui peut-être en corrigeaient les détails ou en modifiaient l'échelle, mais n'en changeaient pas la projection. Au siècle d'Auguste, sans essayer lui-même un dessin de la "chlamyde" terrestre, Strabon exposait les règles auxquelles il convenait d'en assujettir le tracé, et c'est en lignes droites qu'il conseillait de figurer les méridiens aussi bien que les parallèles, les uns et les autres se coupant mutuellement à angles droits (1), sans qu'il y eût, à son avis, le moindre intérêt à tenir compte, dans une telle carte, de la convergence des méridiens sur le globe (2).

Il semble dès lors naturel de penser que toutes les

---

(1) STRABON, lib. II, cap. v, § 16 : χρήσιμον φαίνεται δύο λαβεῖν εὐθείας, αἳ τέμνουσαι πρὸς ὀρθὰς ἀλλήλας... καὶ ἡ μὲν τῶν παραλλήλων ἔσται μία, ἡ δὲ τῶν μεσημβρινῶν· ἔπειτα ταύταις παραλλήλους ἐπινοοῦντας ἐφ'ἑκάτερα.

(2) STRABON, lib. II, cap. v, § 10 : ἐν τῷ ἐπιπέδῳ γε οὐ διοίσει πίνακι τὰς εὐθείας μικρὰς συννευούσας ποιεῖν μόνον τὰς μεσημβρινάς. Au lieu de μικράς et de μόνον le texte de Casaubon porte μικρὸν et κῶνον. Le sens précis de ce passage est obscur dans tous les cas ; mais il semble que les conditions générales énoncées quelques lignes plus haut, et répétées au § 16, d'une représentation de toutes les coordonnées circulaires et convergentes sur le globe, par des droites parallèles ou orthogonales sur le plan, ne permettent pas d'hésiter sur la pensée réelle de l'auteur.

cartes de la même époque étaient dressées conformément à ce système, aussi bien celle où la tendre Ælia Galla suivait anxieusement les traces de son cher Postumus dans les marches de l'armée d'Orient aux ordres de Tibère (3), que la célèbre mappemonde (4) exécutée par les soins d'Agrippa d'après les travaux géodésiques accomplis sous sa direction (5), et qui de-

(3) Properce, édition de Keil, lib. IV, eleg. xi :
« Postume, plorantem potuisti linquere Gallam
« Miles et Augusti fortia signa sequi ? »

Idem, lib. V, eleg. iii :
« Et disco qua parte fluat vincendus Araxes,
« Quot sine aqua parthus milia currat equus.
« Cogor et e tabula pictos ediscere mundos.... »

Ce Postume est plus connu encore par la fameuse ode d'Horace (lib. II, ode xiv) :
« Eheu fugaces Postume Postume
« Labuntur anni..... »

Et pourtant nul ne nous dit quel était précisément ce personnage de la cour d'Auguste, ami de Properce et d'Horace, compagnon d'armes de Tibère, gendre d'Ælius Gallus : peut-être nous sera-t-il permis de risquer à tout hasard la conjecture qu'il pourrait bien être le même que C. Vibius C. F. C. N. Postumus élevé au consulat aux kalendes de juillet, l'an de Rome 758, d'après les monuments épigraphiques (Gruter, *Inscriptionum romanarum corpus*, Heidelberg 1616, in-fol. pp. dcccxcvij, 9, et mlxxxij, 2 ; et Th. Mommsen, *Inscriptiones regni Neapolitani*, Leipzig 1852, in-fol.; p. 272, n° 5207).

(4) Pline, lib. III, cap. ii, sect. 3, § 17 : « Orbem terrarum orbi » spectandum. »

(5) Il est universellement admis que le mesurage général de l'Empire romain ordonné par Jules César en l'année 44 avant notre ère, et terminé sous Auguste en l'année 19 (opération confiée à quatre géodètes grecs dont les noms ont été conservés dans la compilation connue sous le titre de *Cosmographie d'Ethicus*), fut accompli sous la haute direction de l'illustre Marcus Vipsanius Agrippa. Ce grand

meura exposée sous le portique Vipsanien élevé tout exprès (6). Celle dont la possession funeste excita contre Metius Pomposianus les meurtrières défiances de Domitien (7) n'était, suivant toute apparence, qu'une reproduction sur parchemin de cette carte d'Agrippa,

travail, effectué sur le terrain, donna lieu, ainsi qu'il arrive en pareil cas, à deux ordres de constatation des résultats : d'une part des mémoires descriptifs, c'est ce que Pline désigne sous le titre de « Commentaires d'Agrippa »; d'autre part une construction graphique, c'est l'*orbis spectandus* de Pline (ci-dessus note 4), le *depictus orbis* de Suétone et d'Eumène (ci-après notes 7 et 8). VITRUVE (lib. VIII, cap. II, § 6) nous apprend que ceci est l'œuvre des chorographes (« quæ orbe terrarum chorographis picta »): aussi est-il naturel de reconnaître dans STRABON (lib. V, cap. II, §§ 7, 8), sous la désignation spéciale ὁ χορογράφος, une allusion directe à la carte d'Agrippa, ainsi que l'ont fait LA PORTE DU THEIL (trad. franc. t. II, p. 164, note 1), et après lui Letronne, Petersen, et autres. — Le travail géodésique de Nicodoxe, Didyme, Théodote et Polyclète était achevé depuis sept ans quand la mort atteignit Agrippa; mais ce fut seulement après cet événement que la carte préparée par ses soins reçut la publicité qu'il lui avait destinée.

(6) PLINE, *ubi suprà* : « Is namque [divus Augustus] complexam » eum [orbem terrarum] porticum ex destinatione et commentariis » M. Agrippæ a sorore ejus inchoatam peregit ». — Ce portique est expressément désigné par Pline dans un autre passage (lib. VI, cap. XXVII, sect. 31, § 140) où les leçons fautives des manuscrits et les restitutions hasardées des éditeurs l'avaient tenu déguisé jusqu'à ces derniers temps. (Voir à ce sujet l'opuscule intitulé *Grands et petits géographes grecs et latins*, Paris 1856, in-8°, pp. 123 à 125; ou bien *Annales des Voyages* de mai 1856, pp. 164 à 166).

(7) SUÉTONE, lib. VIII, cap. X : « Complures senatores, in his » aliquot consulares, interemit: ex quibus... Metium Pomposianum » quòd habere imperatoriam genesim vulgo ferebatur, et quòd depic- » tum orbem terræ in membranas, concionesque regum ac ducum » ex Tito-Livio circumferret... »

sur laquelle aussi avait dû être copiée la vieille mappemonde romaine qui se voyait encore dans la Gaule, au temps de Dioclétien, sous le portique de l'école d'Autun (8).

Dans le siècle suivant, Marin de Tyr employait de même une projection plate (9) pour sa nouvelle carte du monde, considérablement agrandie vers les régions de l'extrême Orient, et mise au courant des découvertes les plus récentes (10). Mais l'échelle, ou pour mieux dire la graduation, en était changée : la détermination jadis effectuée par Possidonius, d'un arc du méridien différent de celui qu'avait précédemment mesuré Erasosthènes, l'avait conduit d'abord à une évaluation un peu amoindrie de la circonférence terrestre (11),

---

(8) *Panegyrici veteres* : EUMENII *pro restaurandis scholis oratio*, capp. XX, XXI : « Illic, ut ipse vidisti..... omnium cum nominibus » suis locorum situs, spatia, intervalla descripta sunt, etc... nunc » enim nunc demum juvat orbem spectare depictum. »

(9) PTOLÉMÉE, *Géographie*, lib. I, cap. XX, § 4 : τὰς μὲν γὰρ ἀντὶ τῶν κύκλων γραμμὰς τῶν τε παραλλήλων καὶ τῶν μεσημβρινῶν εὐθείας ὑπεστήσατο πάσας....; § 5 : μόνον δ᾽ αὐτὸς τετήρηκε τὸν διὰ Ῥόδου παράλληλον σύμμετρον τῷ μεσημβρινῷ, κατὰ τὸν ἐν τῇ σφαίρᾳ τῶν ὁμοίων περιφερειῶν ἐπιτέταρτον ἔγγιστα λόγον τοῦ μεγίστου κύκλου πρὸς τὸν παράλληλον τὸν ἀπέχοντα τοῦ ἰσημερινοῦ μοίρας τριακονταέξ.

(10) IDEM, *ibidem*, lib. I, cap. VI, § 1 : φαίνεται γὰρ καὶ πλείοσιν ἱστορίαις περιπεπτωκὼς παρὰ τὰς ἔτι ἄνωθεν εἰς γνῶσιν ἐλθούσας, καὶ τὰς πάντων σχεδὸν τῶν πρὸ αὐτοῦ μετ᾽ ἐπιμελείας διειληφώς.

(11) CLÉOMÈDES (lib. I, cap. X) expose comment Possidonius, ayant observé à Rhodes l'étoile Canope rasant l'horizon, tandis qu'à Alexandrie elle atteignait une hauteur égale à un quart de signe, en conclut pour la distance de ces deux villes une mesure angulaire d'un quarante-huitième de grand cercle ; et comme la distance itinéraire des deux mêmes points était évaluée par les marins à 5000 stades, il en

puis de nouveaux calculs avaient amené une réforme (12) qui réduisait à 500 stades la valeur du degré de latitude; telle est l'échelle qu'adopta Marin de Tyr (13), et qui fut après lui suivie par Ptolémée (14).

VIII.

Ptolémée !... c'est le nom le plus célèbre dans l'histoire de la géographie ancienne. Ses écrits nous offrent le bilan général des notions géographiques recueillies sur tous les pays de la terre au siècle des Antonins, et pour en dresser la mappemonde, il eut recours à deux nouvelles méthodes de projection, l'une plus expéditive, l'autre *homéotère* ou plus ressemblante (1), dont

résultait, pour le cercle terrestre entier, une mesure de 240 000 stades, ἐὰν ὦσιν οἱ ἀπὸ Ῥόδου πεντακισχίλιοι· εἰ δὲ μή, πρὸς λόγον τοῦ διαστήματος.

(12) La réserve que fait Cléomèdes à la fin de son exposé de l'évaluation de Possidonius semble contenir une allusion à un calcul ultérieur, dont le résultat est énoncé par Strabon (lib. II, cap. II, § 2) : κἂν τῶν νεωτέρων δὲ ἀναμετρήσεων εἰσάγηται ἡ ἐλαχίστην ποιοῦσα τὴν γῆν, οἵαν ὁ Ποσειδώνιος ἐγκρίνει περὶ ὀκτωκαίδεκα μυριάδας οὖσαν.....
— Ce calcul suppose que la distance itinéraire de Rhodes à Alexandrie aurait été reconnue de 3750 stades au lieu de 5000, ainsi qu'Eratosthènes (Strabon, lib. II, cap. v, § 24) l'avait conclu de ses observations gnomoniques.

(13) Ptolémée, *Géographie*, lib. I, cap. VII, § 1.

(14) Idem, *ibidem*, lib. VII, cap. v, § 12 : ὡς τῆς μὲν μιᾶς μοίρας πεντακοσίους περιεχούσης σταδίους, ὅπερ ἐκ τῶν ἀκριβεστέρων ἀναμετρήσεων κατελήφθη, τῆς δὲ ὅλης γῆς περίμετρον μυριάδων ιη.

(1) Ces deux méthodes font l'objet du chap. XXIVe et dernier du 1er livre de la Géographie de Ptolémée; elles n'ont pas de dénominations caractéristiques propres à les distinguer; Denis Barbié du Bocage, dans une *Notice historique sur la construction des cartes géogra-*

il a exposé les procédés de construction sous des formes qu'il nous est facile de résumer en termes plus nets et plus concis en les ramenant à leurs principes. D'une part il s'agit purement et simplement de la projection par développement du cône osculateur sur le parallèle moyen passant par Rhodes (2). Le second cas n'est

phiques insérée en 1802 au *Mémorial du Dépôt de la Guerre* (2ᵉ éd. in-4, t. I, Paris 1829, pp. 4 à 10) supposait que Ptolémée lui-même avait donné à la carte construite d'après la deuxième méthode le nom de πίναξ χλαμυδοειδής; mais Ptolémée n'a point, que nous sachions, fait usage de ce nom, et quoique, à la rigueur, il pût paraître applicable aussi jusqu'à un certain point à la figure qu'offre à l'œil la seconde projection ptoléméenne, toujours est-il cependant qu'il convient encore mieux à l'autre, pour laquelle d'ailleurs les modernes l'ont plus spécialement employé (ROBERT DE VAUGONDY, *Essai sur l'histoire de la Géographie*, Paris 1755, in-12, p. 153). A défaut de mieux, nous prenons le parti d'attribuer *caractéristiquement* à la seconde projection du géographe alexandrin la désignation simplement relative qu'il employait lui-même, et de l'appeler ainsi *projection homéotère de Ptolémée*, l'autre pouvant sans embarras être caractérisée par le principe même de sa construction, qui est le développement du cône tangent. — Quant aux procédés de construction de Ptolémée, il convient de signaler ici l'étude qui en a été faite par MOLLWEIDE (*Mappirungskunst des Claudius Ptolemaeus, ein Beytrag zur Geschichte der Landkarten*, dans les cahiers d'avril, juin et juillet 1805 de la *monatliche Correspondenz* du baron de ZACH, t. XI, pp. 319 à 340, et 504 à 514; et t. XII, pp. 13 à 22), et par DELAMBRE (*Histoire de l'astronomie ancienne*, t. II, pp. 525 à 532).

(2) Ptolémée fixe d'une part les angles de convergence mutuelle des méridiens au moyen du rapport d'écartement résultant de la grandeur respective des degrés de longitude sur l'équateur et sur le parallèle de Thulé; et d'autre part il détermine pour le parallèle de Rhodes le rapport de grandeur des degrés de longitude à l'égard des degrés de latitude; c'est donc le parallèle de Rhodes qui constitue le cercle d'osculation de la sphère et du cône; le sommet de ce cône est

qu'une modification du premier, en substituant le parallèle moyen de Syène à celui de Rhodes, et en donnant à l'espacement des méridiens sur chaque parallèle à compter du méridien central représenté seul par une ligne droite, la grandeur relative qui appartient aux intervalles correspondants sur le globe (3) : en d'autres termes, c'est ce que les étrangers appellent la projection de Bonne (4), en souvenir du géographe

conséquemment placé à une distance du parallèle moyen, mesurée par la cotangente de la latitude de Rhodes. — Ptolémée ne prolonge pas le cône au delà de l'équateur, ou du moins il substitue, au développement régulier de la zone conique ultérieure, un tracé arbitraire, où les méridiens rectilignes, se brisant à l'équateur, reprennent leur convergence en sens inverse.

(3) Ptolémée suppose l'œil placé dans le prolongement du rayon qui passe par l'intersection du méridien moyen avec le parallèle de Syène (ἐς μέσος ἔγγιστα καθίσταται τοῦ πλάτους) ; c'est donc la cotangente de la latitude de Syène qui détermine le sommet du cône dont le développement donnera la projection du parallèle moyen ; les autres parallèles se décrivent du même centre. Ptolémée indique expressément le rapport dans lequel seront mesurés, à l'égard de l'équateur, les degrés de longitude sur les parallèles de Méroé, de Syène, de Rhodes et de Thulé, de manière à fournir cinq points successifs pour déterminer le tracé de la courbe de chaque méridien : c'est donc une courbe mécanique, et non un arc de cercle non plus qu'une portion d'ellipse, comme on a pu le supposer par inadvertance (voir ci-après § XVIII, notes 14 et 20).

(4) Johann-Tobias MAYER, *vollständige und gründliche Anweisung zur Verzeichnung der Land-, See-, und Himmelscharten*, Erlang 1794 (4ᵉ édition 1828), in-8° ; cap. I, § 5, m.1, p. 13 ; cap. III, §§ 36, 37 ; pp. 299 à 315. — MOLLWEIDE, *Beweis dass die Bonne'sche Entwerfungsart die Länder ihrem Flächeninhalte auf der Kugelfläche gemäss darstellt*, dans ZACH, *monatliche Correspondenz*, février 1806, pp. 144 à 152. — RAUPACH, *die Theorie der geographischen Netze oder Ent-*

français de ce nom (5), et que nous appelons, nous, assez communément, la projection du Dépôt de la guerre (6);—je ne veux pas dire comment on la nomme

werfungen der Kugelfläche, Liguitz 1816, in-8; Abth. II, § 25 : *von Bonne*, pp. 53 à 56. — Anton STEINHAUSER, *Grundzüge der mathematischen Geographie und der Landkarten projection*, Vienne 1857, gr. in-8; *Projectionen*, § XIX; pp. 123 à 125. — Comp. LaLande, *Astronomie*, 2ᵉ éd. Paris 1777, in-4°; t. III, pp. 733 à 735, nᵒˢ 3883 à 3885.

(5) Rigobert Bonne, ingénieur hydrographe, né à Raucourt en 1727, mort à Paris en 1794, a surtout popularisé son nom par la rédaction de l'atlas qui fait partie de l'*Encyclopédie méthodique*, et de ceux qui accompagnent les ouvrages de Nicolle de la Croix, de l'abbé Grenet, et de Raynal; son œuvre capitale est la grande carte de l'Amérique septentrionale en 18 feuilles. Il a été beaucoup trop oublié dans les biographies, qui auraient pu emprunter à La Lande (*Bibliographie astronomique*, pp. 763 à 765) la notice qu'il a donnée des travaux de ce savant modeste, dont le fils, le général d'état-major Charles-Rigobert-Marie Bonne, né à Paris le 25 juin 1771, mort le 23 novembre 1839, a été l'un de nos ingénieurs géographes les plus distingués, auquel on doit la grande triangulation de la perpendiculaire à la méridienne entre Paris et Brest, et divers mémoires sur la géodésie, le nivellement, etc., publiés dans le *Mémorial du Dépôt de la guerre*.

(6) Une commission spéciale désignée par le ministre de la guerre au mois de janvier 1803, et composée du général Sanson, président, de l'académicien Lacroix, et des ingénieurs géographes Henry, Epailly et Plessis, fit choix de cette projection pour les cartes qui seraient désormais publiées au Dépôt de la guerre, comme répondant le mieux aux besoins des divers services publics. Les principes et les formules en furent exposés et développés dans divers mémoires, dont les plus notables sont ceux du colonel Henry (*Mémorial du Dépôt de la guerre*, 2ᵉ éd., t. II, pp. 430 à 587) et du colonel Puissant (*ibidem*, pp. 588 à 610; outre son *Traité de géodésie*, 1805, liv. II; son *Traité de topographie*, etc., 1807, liv. II; et, le *Supplément*, contenant la *Théorie des projections des cartes*, 1810).

aussi trop souvent (7), afin de ne pas répéter une désignation qui serait à la fois un anachronisme en histoire et un solécisme en géographie.

Pour les cartes particulières qui accompagnent en outre son "Hyphégèse géographique" Ptolémée s'est contenté de la projection plate (8), en déterminant pour chacune d'elles la graduation relative du parallèle moyen à l'égard de celle du méridien central (9).

L'ensemble des terres alors connues occupait en sa plus grande largeur un espace évalué à 180 degrés, sur un maximum de largeur qui n'atteignait pas 80 degrés (10), formant, dans les idées d'Aristote, une grande île, qui peut-être avait ses pareilles dans les autres quartiers du globe terraqué (11). Aux contours de ce

---

(7) Voir ci-après le § XXI.

(8) Ptolémée, *Géographie*, lib. VIII, cap. ι, § 6 : ... τὰς μεσημβρινὰς μὴ συννευούσας, ἀλλὰ καὶ αὐτὰς παραλλήλους ἀλλήλαις.

(9) Idem, *ibidem*, § 7 : Διὸ καὶ κατὰ τὸν λόγον τοῦ δίχα τέμνοντος τὸν πίνακα παραλλήλου πρὸς τὸν μέγιστον κύκλον ἐλέγομεν δεῖν ποιεῖσθαι τὰς μοιριαίας παραβολάς.

(10) De cette différence entre les dimensions prises d'une part entre l'occident et l'orient, et d'autre part entre le septentrion et le midi, naquit l'application constante de la dénomination de *longueur* à la première, et de *largeur* à la seconde ; et comme l'éducation de l'Europe moderne s'est faite dans des livres écrits en latin, nous avons transporté dans nos langues, sans les traduire, les mots latins de *longitude* et de *latitude*. — Au dire d'Agathémère (Cap. ι, § 2), ce fut Démocrite d'Abdère qui le premier reconnut l'inégalité de ces deux dimensions et en évalua le rapport à une différence de moitié en sus, en quoi il fut suivi par Dicéarque ; Eudoxe de Cnide estima le rapport au double, et enfin Eratosthènes accrut encore cette proportion.

(11) Aristote, *De mundo*, cap. ιιι : καὶ ἡ σύμπασα [οἰκουμένη] μία νῆσός ἐστιν, ὑπὸ τῆς Ἀτλαντικῆς καλουμένης θαλάσσης περιρρεομένη.

continent unique Hipparque attribuait la figure d'un trapèze, Possidonius celle d'une fronde, Strabon celle d'une chlamyde déployée (12). Cependant quelques-uns lui conservaient la forme d'un disque ; mais c'était une déraisonnable fantaisie, que Géminus avait déjà stigmatisée (13), et dont Ptolémée à son tour signalait les procédés absurdes (14) : nous n'avons donc point à nous y arrêter.

Avons-nous à parler davantage de cette singulière carte itinéraire du monde connu à la mort de Constantin le Grand (15), appelée Table Peutingérienne du nom d'un de ses anciens possesseurs (16), et qui, par

Πολλὰς δὲ καὶ ἄλλας εἰκὸς τῆςδε ἀντιπόρθμους ἄποθεν κεῖσθαι....... Τῶν δὲ νήσων αἱ μὲν εἰσὶ μεγάλαι καθάπερ ἡ σύμπασα ἥδε οἰκουμένη λέλεκται· πολλαί τε ἕτεραι περιρρεόμεναι μεγάλοις πελάγεσιν. — Comp. *Meteorologica*, lib. II, cap. v, §§ 10, 11.

(12) Agathémère, cap. I, § 2 : Ἵππαρχος δὲ τραπεζοειδῆ..... Ποσειδώνιος δὲ ὁ στωϊκὸς σφενδονοειδῆ... — Strabon, lib. II, cap. v, §§ 6, 9, 14 : ἡ δ' οἰκουμένη χλαμυδοειδὴς ἐν τούτῳ [Ἀτλαντικῷ πελάγει] νῆσος... λέγεται δὲ καὶ χλαμυδοειδές πως τὸ σχῆμα..... Ἔστι δή τι χλαμυδοειδὲς σχῆμα τῆς γῆς τῆς οἰκουμένης.

(13) Geminus, cap. XIII : οἱ δὲ στρογγύλας γράφοντες τὰς γεωγραφίας, πολὺ τῆς ἀληθείας εἰσὶ πεπλανημένοι..... ἀνάγκη οὖν μὴ τηρεῖσθαι τὰς ἐπὶ διαστημάτων συμμετρίας τὰς ἐν ταῖς στρογγύλαις γεωγραφίαις.

(14) Ptolémée, *Géographie*, lib. VIII, cap. I, §§ 2, 3, 4.

(15) L'existence simultanée des trois capitales, Rome, Constantinople et Antioche, matériellement constatée par les peintures de cette carte, en précise la date de rédaction entre septembre 337 et juillet 338, ainsi que j'ai essayé de le démontrer, il y a plus de vingt ans, dans un *Mémoire sur Ethicus et les ouvrages cosmographiques intitulés de ce nom*, que l'Académie des Inscriptions et Belles-Lettres a bien voulu admettre dans son recueil (*Mémoires présentés par divers savants*, 1re série, t. II, pp. 429 à 431).

(16) Conrad Peutinger, chancelier d'Augsbourg, à qui elle avait

un excès tout opposé à celui des mappemondes orbiculaires, s'étire démesurément en une bande vingt-deux fois plus longue qu'elle n'est large ? — Une projection régulière se déguiserait-elle sous cette apparente disproportion ? des esprits aventureux ont bien pu se l'imaginer (17), mais gardons-nous d'en rien croire, et passons outre.

IX.

Quand la barbarie du Nord et le fanatisme de l'Orient eurent successivement débordé sur ce qu'on appelait encore le monde romain, la civilisation, engloutie dans ce double naufrage, demeura perdue au fond de l'abîme, et s'il vint à surnager quelques rares épaves, elles furent recueillies par des mains inhabiles à en tirer aucun parti jusqu'à ce qu'elles en eussent elles-mêmes appris l'usage.

été donnée par son ami Conrad Meissel, qui lui-même en avait fait la trouvaille et l'acquisition à Worms en 1507 ; elle appartient, depuis 1738, à la Bibliothèque impériale de Vienne.

(17) *Viri acutissimi* Edmundi BRUTII angli *de Tabula itineraria antiqua Peutingerorum augustanorum ejusque structura et usu* ; c'est une lettre adressée à Jean-Vincent Pinelli sous la date du 6 juin 1659, imprimée dans le recueil de l'Académie des Inscriptions (t. XVIII, Paris 1753, in-4°, pp. 254 à 256) à la suite d'un mémoire de l'abbé Lebeuf sur le même sujet. — Nicolas BUACHE partagea les mêmes illusions ; Jérôme de LA LANDE a exposé en détail dans ses additions à l'*Histoire des mathématiques* de MONTUCLA (2ᵉ édition, t. IV, pp. 599), comment ce géographe en était venu à croire que la table Peutingérienne n'était « qu'une carte plate construite sur deux échelles, celle des longitudes » fort grande et celle des latitudes beaucoup plus petite », sauf orientation des coordonnées obliquement au cadre du tableau.

En cherchant à travers ces temps agités et confus quelque tradition saisissable de la science grecque ou romaine, nous découvrons à grand'peine, au VIIe siècle, un géographe goth (1), rédigeant à Ravenne une description des diverses " patries " des nations de l'univers (2), et recourant, pour les coordonner dans leur ensemble sur la mappemonde (3), à un mode de projection exclusivement consacré jusqu'alors à mesurer

(1) Je veux parler de l'écrivain barbare si connu sous la désignation d'*Anonyme de Ravenne*, dont l'ouvrage a été publié pour la première fois en 1688 par Dom Placide Porcheron sous le titre de *Geographia*, et en dernier lieu en 1860 à Berlin par Maurice Pinder et Gustave Parthey sous celui de *Cosmographia*; on pourrait puiser dans le livre même un titre plus explicite qui se formulerait ainsi : IDIOTÆ RAVENNATIS ad *Odonem fratrem Cosmographiæ expositio*. — J'ai communiqué à la Société de Géographie, il y a quelques années, une notice, restée inédite, sur cet ouvrage et sur les divers travaux de critique dont il a été l'objet (*Bulletin* de janvier 1859, p. 145, et de février 1860, p. 199). — Divers indices semblent constater sa nationalité gothique, notamment l'usage qu'il fait des écrits des goths Marcomir, Athanarid et Eldebald, qu'il ne dit pas avoir employé une autre langue que la leur, ainsi qu'il le fait pour les persans Arsace et Aphrodisien.

(2) « Universarum gentium patrias » ; c'est invariablement ce mot de *patria* que le Ravennate emploie dans le sens de *pays*.

(3) Le Ravennate n'a point voulu, comme il l'aurait pu faire, envoyer à son cher Odon une carte admirablement peinte (*mirificè depingendo designare* ; I, XVIII) ; mais tout son livre témoigne qu'il avait dessiné, au moins pour lui-même, une mappemonde composée non-seulement d'après les documents qu'il avait consultés, mais aussi d'après les renseignements recueillis de la bouche des voyageurs instruits (*prudenter ambulantes viros..... sapiens viator* ; I, XVI), probablement surtout de celle des marins étrangers des équipages de la flotte impériale en station à Ravenne, et dont les noms de guerre tels que Marpesius, Penthesileus, Hylas, Pyrithoüs, Cenchris, Blantasis, ont paru si étranges à des critiques incrédules dont la sévérité a devancé la justice.

d'heure en heure la marche diurne du soleil (4) : les cercles verticaux se croisant au zénit de Ravenne (5) prenaient ainsi la place des méridiens dans les " pallidines " ou représentations graphiques du cosmographe barbare. Mais qui nous dira les autres conditions de son tracé ? et les supposerons-nous empruntées à l'horoscope, à l'analemme, ou au planisphère ? Si la conjecture osait se risquer ici, elle devrait attribuer à notre Ravennate une science beaucoup plus naïve, étrangère aux artifices des projections perspectives (6), se bor-

(4) Un planisphère niellé du musée Borgia, qui a fait l'objet d'une notice spéciale de Heeren dans les *Commentationes Societatis regiæ scientiarum Gottingensis* (1804, t. XVI, pp. 250 à 284), offre au xve siècle un exemple de l'application du cadran de xxiv heures à déterminer l'orientation des contrées de la terre à l'égard du centre de la mappemonde (qui est ici Nicopolis). Cette application semble avoir dû être familière aux races teuto-gothiques, pour lesquelles le nom usuel du Nord est le même que celui de minuit (*Mitternacht*).

(5) Le savant géographe Henri Kiepert, qui a essayé une restitution de la mappemonde du Ravennate (pour l'édition de Parthey), se persuadant que le cadran des heures devait se rapporter au centre de figure, et que l'esprit religieux du cosmographe avait dû lui faire choisir comme tel la ville sainte de Jérusalem, a dressé sur ce thème un petit planisphère orbiculaire où l'on conçoit que toutes les configurations terrestres, assujetties à cette hypothèse erronée, sont étrangement bouleversées. En réalité c'est à Ravenne, résidence et centre d'information de l'écrivain, que devait naturellement se trouver le centre de la rose horaire d'où il promenait ses regards vers l'horizon ; et la construction rationnelle des pays du monde alors connu, dans les conditions qui résultent des propres énonciations de notre cosmographe, doit produire une figure ovale allongée d'est en ouest, sans monstrueuses différences d'avec les configurations géographiques de Ptolémée, qui avait été consulté par lui.

(6) L'Horoscope eût figuré les arcs terrestres des distances entre

nant à étendre dans la direction radiale des verticaux les diverses " patries " échelonnées depuis Ravenne jusqu'aux dernières limites de la terre : simple retour, en définitive, par une autre voie, à la carte plate rudimentaire.

X.

Mais pendant que les nations occidentales demeurent emmaillottées dans les langes de cette seconde enfance que les historiens appellent le Moyen-Age, les conquérants arabes apportent à l'étude des sciences et des lettres l'ardeur fébrile qui leur a donné l'empire du monde, et la cour des khalyfes de Baghdad devient un centre de lumières autant que de puissance et de richesses (1). El-Mamoun fait traduire en arabe les plus

---

Ravenne et les *patries* rangées autour d'elle, par les tangentes trigonométriques de ces arcs; l'Analemme les eût représentés par leurs sinus; le Planisphère par $R \sin / R + cos$. Le Ravennate aura simplement eu recours à la transformation en lignes droites (ou *rectification*) des arcs mêmes.

(1) ANDRÉS (*Dell' origine, progressi e stato attuale di ogni letteratura*, Rome 1808, in-4°, lib. I, capp. VIII et IX, t. I, pp. 117 à 256) donne un tableau quelque peu suspect d'enthousiaste partialité, du développement littéraire et scientifique des Arabes ; GIBBON (*Histoire de la décadence et de la chute de l'Empire romain*, chap. LII) a résumé en quelques belles pages ce mouvement merveilleux, qui brilla et s'éteignit comme les météores, mais qui a rendu célèbre à tout jamais le règne des Abbassides, principalement du fameux Haroun-el-Raschyd popularisé par les légendes, et par-dessus tout de son fils El-Mamoun, appelé par ANDRÉS (*ubi suprà*, cap. VIII, § 80, p. 119) l'*Auguste des Arabes*, « se non che il suo zelo per le lettere » fu molto più vivo, più disteso e più universale il suo amore »... —

remarquables ouvrages des Grecs (2), et ceux de Ptolémée excitent son attention particulière (3) : il ne se contente pas de faire copier ses cartes, il veut qu'on en vérifie les bases, qu'on en corrige les détails (4) ; des astronomes sont expressément chargés de contrôler par des mesurages effectifs la valeur que le géographe alexandrin avait attribuée au degré terrestre (5), et il

Au point de vue spécial de l'astronomie et de la géographie, nous ne pouvons nous dispenser de signaler ici particulièrement les ouvrages de Delambre, *Histoire de l'astronomie du moyen âge*, Paris 1819, in-4°, liv. Ier ; Am. Sédillot, *Matériaux pour servir à l'histoire comparée des sciences mathématiques chez les Grecs et les Orientaux*, Paris 1845-49, 2 vol. in-8° ; et *Prolégomènes des tables astronomiques d'Oloug-Beg*, Paris 1847-53, 2 vol. gr. in-8°, Introductions ; Lelewel, *Géographie du moyen âge*, Bruxelles 1852-57, 5 vol. in-8° ; et surtout Reinaud, *Introduction générale à la géographie des Orientaux* (formant le t. I de sa traduction de la *Géographie d'Aboulfeda*), Paris 1848, in-4°.

(2) Abou'l-Faragj, *Historia compendiosa Dynastiarum, latine versa ab Ed. Pocockio*, Oxford 1663, in-4° ; Dyn. IX, p. 160 : « Scientiam » locis suis quærere aggressus, cum Græcorum regibus intercedens, » petiit ab illis ut qui apud ipsos essent libros philosophicos ad ipsum » mitterent ; qui cùm ad ipsum quos haberent misissent, conquisitis » ille interpretibus peritis eos ipsis accurate vertendos imposuit », etc.

(3) Casiri, *Bibliotheca arabico-hispana*, Madrid 1760-70, 2 vol. in-fol., t. I, pp. 348-349 (extrait du *Tarykh-el-Hhoqamâ* de Zouzeny). — Wenrich, *De auctorum græcorum versionibus et commentariis syriacis, arabicis, armeniacis, persicisque commentatio*, Leipzig 1842, in-8° ; part. II, §§ clv à clxiii, pp. 226 à 237. — Reinaud, *ubi suprà*, p. xliij.

(4) Reinaud, *ubi suprà*, p. xliv.

(5) Massoudi, *les Prairies d'or, texte et traduction*, par MM. Barbier de Meynard et Pavet de Courteille, t. I, Paris 1861, in-8° ; chap. viii, pp. 182-183, 185-186, et 190-191. — De Guignes, *Notices et Extraits des manuscrits*, t. I, pp. 48 à 52. — Caussin, *le Livre de la grande*

faut bien l'avouer, ils furent tout juste assez habiles pour que leurs résultats concordassent parfaitement avec l'évaluation insuffisante de leur modèle (6). Peut-être quelques positions de lieux, observées ou calculées avec plus de soin, furent-elles dès lors aussi rectifiées (7) : et l'on proclama avec complaisance que la mappemonde d'El Mamoun valait beaucoup mieux que celles de Ptolémée, de Marin de Tyr, et de tous autres (8).

Mais les échantillons de cartographie arabe qui sont parvenus jusqu'à nous se bornent en général à de bien grossières esquisses, sans exactitude ni proportions d'aucune espèce (9). Une exception cependant, mais

---

table Hakémite, Paris 1804, in-4°, pp. 78 et 80. — ABULFEDA, *Annales moslemici*, Leipzig 1778, in-4°, ann. hég. 259, pp. 210-211. — REINAUD, *Géographie d'Aboulfeda*, Prolégomènes, pp. 16 à 19 ; et *Introduction générale*, pp. cclxix à cclxxiij. - DELAMBRE, *Astronomie du moyen âge*, p. 2.

(6) DELAMBRE, *ubi suprà*, p. 2. — REINAUD, *Introduction générale*, p. cclxx, d'après le *Kétab el-tanbyh* de Mas'oudy. — La conséquence à en tirer, c'est que le mille arabe comparé au stade de Ptolémée aurait été avec lui dans le rapport de 500 à 56 2/3, soit :: 150 : 17.

(7) SÉDILLOT, *Prolégomènes d'Oloug-Beg* ; lettre à M. de Humboldt, p. xxix.

(8) SACY, *Notices et extraits des Mss*, t. VIII, p. 147 ; Extrait du *Kétab el-tanbyh* de Mas'oudy : « J'ai vu les Climats colorinés de di-» verses couleurs dans plusieurs livres : ce que j'ai vu de mieux en ce » genre, c'est dans le traité de Géographie de Marin, et dans la figure » faite pour le khalife Mamoun, et pour la confection de laquelle plu-» sieurs savants de ce temps avaient réuni leurs travaux :... Cette » figure vaut beaucoup mieux que les précédentes qui se trouvent dans » la Géographie de Ptolémée, dans celle de Marin, et autres. »

(9) On en peut juger par les échantillons qui ont été publiés d'après

une seule, se rencontre au milieu du XII° siècle dans la mappemonde du schéryf Edrysy (10), dont l'original fut gravé sur une grande table d'argent pour le roi Roger de Sicile (11) : peut-être, au surplus, l'influence européenne a-t-elle contribué pour une bonne part à guider ici l'inexpérience du dessinateur ; et dans tous les cas, ce n'est encore qu'une sorte d'imitation mal réussie de la carte générale de Ptolémée, sans autre canevas de projection que l'orbe circonscrit et les parallèles séparatifs des sept climats, recoupés tout au plus par des tronçons de méridiens destinés à diviser chaque climat en dix sections consécutives ; et quant aux soixante-dix cartes particulières des sections, on n'y peut voir que de simples cartes plates sans graduation (12).

En somme, les Arabes nous ont laissé des descrip-

---

les manuscrits d'el Istakhry, d'el Cazouyny, d'Ebn el Ouârdy, et dont il a été reproduit quelques-uns dans les planches III, IV, et XXXI de l'atlas de la *Géographie du moyen âge* de LELEWEL.

(10) Elle a été publiée d'abord par les soins du Dr VINCENT dans son ouvrage sur le *Periplus of the Erythrean sea*, Londres 1800, in-4° ; appendix n° IV, p. 83 ; elle a aussi été donnée par M. REINAUD, dans son *Introduction générale à la géographie des Orientaux*, pl. III, p. cxx ; et par LELEWEL, *Atlas du moyen âge*, pl. X.

(11) *Recueil de voyages et de mémoires publiés par la Société de géographie*, tome V (*Géographie d'Edrisi*, t. I), Paris 1836, in-4° ; *Préface de l'auteur*, pp. xx, xxj.

(12) Il en a été publié trois en *fac simile* à la fin du volume d'EDRISI désigné dans la note précédente ; LELEWEL en a réuni dix, réduites au tiers de l'échelle, sur une feuille double (pl. XI, XII) de son *Atlas* ; et il les a même comprises toutes dans un seul tableau d'assemblage, à très petit point, qui accompagne le tome Ier de sa *Géographie du moyen âge*.

tions, des itinéraires, des listes de positions géographiques, dont il est juste de tenir grand compte ; on peut même supposer une portée ingénieuse à l'emploi éclectique de divers méridiens pour la notation des longitudes (13) : mais l'art de mettre en œuvre leur a fait complétement défaut ; et, bien que dans la construction de leur astrolabes ils aient développé, perfectionné si l'on veut, le tracé des projections astronomiques établies par les Grecs (14), il faut bien reconnaître que leur rôle est absolument nul dans l'histoire des projections terrestres.

XI.

Voici le tour des marins de la Méditerranée, qui construisirent sur la rose des vents (1), comme jadis le Ravennate sur le cadran des heures (2), la carte des côtes au long desquelles s'accomplissaient leurs singlages. De tout temps, sans doute, ils avaient dû re-

(13) AM. SÉDILLOT, *Mémoire sur les systèmes géographiques des Grecs et des Arabes et en particulier sur Kobbet Arino et Kankader servant chez les Orientaux à déterminer la position du premier méridien dans l'énonciation des longitudes*, Paris 1842, in-4°.

(14) Voyez ci-dessus, § VI, et ci-après, § XIII.

(1) Nous avons montré, dans une notice insérée au *Bulletin de la Société de géographie* d'avril 1860, sous le titre d'*Aperçus historiques sur la boussole et ses applications à l'étude des phénomènes du magnétisme terrestre*, que l'usage de la rose de 32 quarts de vent, comme instrument nautique, était répandu en 1286 parmi les marins de la Méditerranée, où elle paraît avoir pris naissance : (pp. 355-356, ou pp. 10-11 du tirage à part).

(2) Voyez ci-dessus, § IX.

lever et pointer leurs routes, en estimant sur les apparences du soleil ou des étoiles arctiques (3) la direction des rivages parcourus; mais l'application de la boussole aux usages de la navigation dut être, au XIIᵉ siècle (4), le signal d'un notable progrès, et Raimond Lulle nous montre les pilotes du XIIIᵉ siècle habiles à se servir d'instruments, de cartes, de portulans, de l'aiguille et du compas de mer (5); il ne nous est toutefois parvenu d'échantillons de leurs œuvres que depuis le commencement du XIVᵉ siècle (6) : les Génois, les

(3) Aratus, *Phénomènes*, vers 23 à 44 :

..... Δύω δέ μιν ἀμφὶς ἔχουσαι
Ἄρκτοι, ἅμα τροχόωσι....
..... Ἑλίκῃ γε μὲν ἄνδρες Ἀχαιοί
Εἰν ἁλὶ τεκμαίρονται ἵνα χρὴ νῆας ἀγινεῖν·
Τῇ δ'ἄρα Φοίνικες πίσυνοι περόωσι θάλασσαν.
. . . .
Τῇ καὶ Σιδόνιοι ἰθύντατα ναυτίλλονται.

(4) Voir au *Bulletin de la Société de géographie* de mars 1858, une Note intitulée *Anciens témoignages historiques relatifs à la boussole*, où nous avons rapporté deux passages recueillis par Thomas Wright dans les écrits d'Alexandre Neckam de Saint-Alban (qui professait en l'Université de Paris de 1180 à 1187), et dans lesquels est constaté l'usage chez les marins, dès cette époque, de la boussole à pivot.

(5) Raymundi Lulli *Arbor scientiæ*, Lyon 1515, in-4°, fol. cxcj : « Marinarii quomodo mensurant miliaria in mari? ..... Et ad hoc » instrumentum habent, chartam, compasum, acum et stellam maris. »

(6) Le plus ancien document de ce genre que nous possédions aujourd'hui est le petit atlas de neuf cartes daté de l'année 1318, et signé du nom de *Petrus Vessconte de Janua*, qui est conservé dans la Bibliothèque impériale de Vienne, et dont un fac-simile a été publié par Jomard, dans sa magnifique collection des *Monuments de la géographie* (4ᵉ livraison, planche double numérotée 37-38).

Vénitiens, les Pisans, les Mayorquins de cette époque et du siècle suivant nous ont légué toute une série de cartes nautiques (7) dessinées avec une précision que nous avons lieu d'admirer encore aujourd'hui.

(7) A ne citer que les plus célèbres, nous pouvons signaler, après l'atlas de Vescoute 1318, les cartes de Marin Sanuto 1321, l'atlas anonyme de 1351 de la Bibliothèque Laurentienne à Florence, la grande carte des frères Pizzigani 1367, l'atlas catalan de 1375, l'atlas vénitien de 1384, la carte de Mecia de Villa destes 1413, la carte anonyme de 1424 conservée dans la Bibliothèque de Weimar, celle de Jacques de Giroldis 1426, celle de Gabriel de Vallseccqua 1434, celle de Becharius 1436, l'atlas d'André Bianco 1436, la carte elliptique de 1447 conservée dans la Bibliothèque du palais Pitti à Florence, celle de Barthelemi Pareto 1456, la carte monumentale de Frà Mauro 1459, celle de Pietro Roselli 1464, les nombreuses productions de Grazioso et d'Andrea Benincasa de 1461 à 1480, l'atlas de Benedetto Pesina de 1489 à 1492, la carte de Hoctomanus Fredutius 1497, et pour couronner cette liste de cartes originales ayant date certaine, celle de Jean de la Cosa de l'année 1500. — Nous avons, à diverses reprises, essayé d'éclaircir quelques points relatifs à l'histoire de ces cartes : outre deux lettres insérées dans la *Literary Gazette* du 16 mai 1840, et dans l'*Athenœum* du 27 juin suivant, à l'appui de la date de 1375 que nous avions assignée le premier (voir *Bulletin de la Société de géographie* de septembre 1832, p. 179) à l'atlas catalan de la Bibliothèque impériale ; qu'il nous soit permis de rappeler ici : 1° *Deux notes sur d'anciennes cartes historiées mss. de l'école catalane*, insérées dans le Bulletin de la Société de géographie de juillet 1843 et janvier 1844 ; 2° *Fragments d'une notice sur un atlas ms. vénitien de la Bibliothèque Walckenaer, fixation des dates des diverses parties dont il se compose*, dans le Bulletin de septembre 1847 ; et dans le même cahier, une *Note sur la publication*, préparée par M. Jomard, *d'un recueil de cartes du moyen âge sous le titre de « Monuments de la géographie »* ; 3° *Note sur un atlas hydrographique ms. exécuté à Venise dans le XVe siècle et conservé aujourd'hui au musée Britannique*, dans le Bulletin d'octobre 1850.

Projetées à échelle constante sur un système de roses symétriquement réparties, ces cartes appartiennent virtuellement à la famille primitive des cartes plates (8), et il fallut une bien grande ignorance, ou un parti pris d'adulation bien éhonté, pour faire honneur au prince Henri de Portugal, au xv⁰ siècle, de l'invention (9) de cette projection, la plus ancienne et la plus vulgaire de toutes.

(8) On pourrait sans doute soutenir que, dans la rigueur théorique, des cartes ainsi construites ne seraient pas des cartes plates proprement dites; mais elles étaient telles dans la pratique par ce motif facile à concevoir, que les relèvements les plus assurés étaient ceux des quatre points cardinaux, et les distances les plus certaines, celles du sud au nord, qui seules pouvaient s'appuyer sur la mesure des hauteurs du pôle; toutes autres distances, toutes autres directions, ne pouvaient être estimées qu'avec un degré d'approximation qui se prêtait aux nécessités de protraction des longitudes et de forcement de l'inclinaison des directions obliques, pour conserver la rectitude des méridiens et la mesure réelle des latitudes, ce qui les maintenait dans les conditions caractéristiques de la carte plate.

(9) PIMENTEL, *Arte practica de navegar*, Lisbonne 1699, in-fol., pp. 68-69; cap. xvii : *Do inventor das cartas de marear*; et cap. xviii : *De diversas especies de cartas de marear*. — ANDRÉS, *Origine, progressi e stato attuale d'ogni letteratura*, t. III, part. ii, cap. ij, § 153. p. 183. — GARÇÃO STOCKLER, *Ensaio historico sobre a origem e progressos das mathematicas em Portugal*, Paris 1819, in-8°, pp. 17, et 99 à 108 : Stockler recherche d'abord sincèrement sur quelle autorité se fondait à cet égard la commune renommée, et il en vient à conclure qui si l'invention remonte de fait à Marin de Tyr, au moins l'introduction dans la navigation chez les Européens en serait légitimement due au prince Henri; et si l'existence de quelques cartes catalanes signalées dans le *Viage literario* de VILLANUEVA semble venir plus tard contredire cette assertion, il en conclut résolument, dans une note additionnelle, que les dates de ces cartes, sinon les cartes elles-mêmes, sont apocryphes!...

XII.

Pendant que les pilotes d'Occident continuaient d'inscrire les résultats de leurs explorations nautiques sur ces " cartes de mer " si précieuses à recueillir pour éclairer de leur incorruptible témoignage l'histoire véritable des découvertes (1), une rénovation de la science des Cosmographes, ainsi qu'on appelait les géographes d'alors, s'opérait sous l'influence de Ptolémée, dont l'Hyphégèse géographique, à diverses fois importée de Grèce en Italie (2), y était vulgarisée au moyen d'une

---

(1) C'est (entre autres exemples) au moyen des cartes génoises, catalanes et vénitiennes du xive siècle, que se trouvent définitivement rayées de l'histoire véritable des découvertes géographiques les erreurs de la commune renommée qui, sur la foi des chants de triomphe des derniers venus, ne faisait commencer qu'avec les navigations portugaises du xve siècle la révélation de l'existence des Açores, de Madère, des Canaries, et des terres au delà du cap Noun et du cap Bojador. (Voir ci-dessus § I, note 1.)

(2) CASSIODORE (*Variarum* lib. I, epist. XLV) a constaté que Boëce avait fait de Ptolémée une version latine (« translationibus enim tuis » Pythagoras musicus, Ptolemæus astronomus leguntur latini ») et peut-être l'Hyphégèse géographique s'y trouvait-elle comprise, ce qui en constaterait l'existence en Italie au commencement du vi^e siècle, ainsi que le confirment d'ailleurs les citations faites par Boëce lui-même et par Cassiodore; on en retrouve de nouvelles traces dans Jornandes, Isidore de Séville, et le Ravennate, sans qu'on puisse juger s'il s'agit d'une traduction latine ou de l'original grec. Le pape Urbain VI, mort en 1389, en possédait un exemplaire. Quoi qu'il en soit, c'est à dater de l'ambassade de Manuel Chrysoloras en Occident que commence surtout la diffusion en Europe de la Géographie de Ptolémée.

nouvelle version latine (3), que des copies manuscrites (4), et bientôt des éditions imprimées se succédant avec rapidité (5), répandirent à foison dans toute l'Europe.

Ce fut désormais le livre fondamental, auquel venaient successivement s'annexer en appendice les cartes de la géographie moderne (6). Mais il se produisit,

(3) Qu'il y eût des versions latines antérieures à celle de Jacques Angelo (qui date de 1409), soit celle de Boèce soit quelque autre, cela paraît démontré par l'existence, au château de Wolfsegg en Würtemberg, d'un ms. du xiiie siècle où elle serait contenue, d'après une communication de Pauly à Nobbe (*Cl. Ptolemæi Geographiæ editionis specimen*, Leipzig 1836, in-8°, p. 10; — *Programma*, etc., inest Nobbii *Litteratura Geographiæ Ptolemææ*, Leipzig 1838, in-8°, p. 19).

(4) On peut voir dans la bibliographie Ptoléméenne de Nobbe (*Programma*, etc., pp. 15 à 21), qui est loin cependant d'être complète (puisqu'on n'y voit figurer, par exemple, aucun des six exemplaires inscrits au catalogue imprimé de notre Bibliothèque impériale sous les n°s 4801 à 4805, et 4838), combien les copies de la version d'Angelo s'étaient multipliées.

(5) Dans une communication faite il y a quelques mois à la Société de géographie, et insérée au *Bulletin* de novembre 1862 (pp. 293 à 320), nous avons, à l'occasion de la *Restitution de deux passages du texte grec de la Géographie de Ptolémée*, passé en revue les nombreuses éditions qui en ont été publiées, six avant la fin du xve siècle, puis seize latines, deux grecques, et trois ou quatre italiennes au xvie siècle (sans en compter quelques autres qui n'offrent de différence que dans l'indication du millésime), le tout formant dans son ensemble une série de dix versions ou recensions distinctes. — Voir, d'ailleurs, Raidel, *Commentatio critico-litteraria de Cl. Ptolemæi Geographia*, Nüremberg 1737, in-4°; Nobbe, *Programma*, etc. (*ut suprà*); et Lelewel, *Géographie du moyen âge*, t. II, appendice I : *les éditions de Ptolémée*, pp. 207 à 209.

(6) Nous avons, dans un fragment intitulé : *Les îles fantastiques de*

même dans la répétition des anciennes cartes, une modification notable, trop inaperçue, qui créait de fait un nouveau mode de projection : les manuscrits les plus anciens ou les meilleurs, soit grecs, soit latins, avaient conservé aux vingt-six cartes particulières de Ptolémée la projection plate qu'il leur avait explicitement assignée (7); mais des copistes outrecuidants avaient, dès le XIVe siècle à ce qu'il semble (8), substitué de leur

l'*Océan occidental au moyen âge*, inséré aux *Annales des voyages* d'avril 1855 (voir pp. 55 à 57), signalé une addition de cette nature constatée par Pierre de Médine sur un exemplaire qui avait été adressé au pape Urbain VI, lequel mourut en 1389; M. BLAU (*Mémoires sur deux monuments géographiques*, Nancy 1836, in-8°) et M. THOMASSY (*Guillaume Fillastre considéré comme géographe*, dans le *Bulletin* de février 1842) ont fait connaître une addition analogue existant dans un ms. de Ptolémée exécuté en 1427 par les soins du cardinal Fillastre : l'examen des divers mss. du géographe alexandrin, à ce point de vue spécial, multiplierait sans doute de tels exemples.— Quant aux imprimés, les additions ont commencé dès l'édition d'Ulm 1482, laquelle contient cinq cartes modernes dues au bénédictin dom Nicolas d'Allemagne, qui les avait préparées, comme l'édition entière, dès le pontificat de Paul II, mort en 1471 ; l'édition de Rome 1508 porte à sept le nombre des cartes nouvelles ; l'édition de Strasbourg 1513 en donne vingt ; on en compte vingt-trois dans l'édition de Strasbourg de 1523 ; et enfin le nombre des cartes modernes additionnelles arrive à vingt-sept dans l'édition de Bâle 1545. — La chronique de Nüremberg de Hans Schedel recevait de même un appendice de cartes géographiques modernes dont le nombre croissait d'édition en édition, et qui mériteraient aussi un examen bibliographique spécial.

(7) PTOLÉMÉE, *Géographie*, liv. VIII, chap. 1, § 6 : Οὐ παρὰ πολὺ δὲ ἔσται τῆς ἀληθείας..... κἂν εὐθείας γραμμὰς ἀντὶ τῶν κύκλων, ἐπὶ γοῦν τῶν κατὰ μέρος πινάκων παραγράφωμεν καὶ προσέτι τὰς μεσημβρινὰς μὴ συννευούσας, ἀλλὰ καὶ αὐτὰς παραλλήλους ἀλλήλαις.

(8) Le magnifique ms. grec n° 1401 de la Bibliothèque impériale,

chef, au parallélisme des méridiens adopté par l'auteur grec, la convergence sollicitée par l'inégalité de valeur des degrés de latitude sur les deux parallèles extrêmes, tout en maintenant d'ailleurs en lignes droites et les méridiens et les parallèles. Et c'est exclusivement en cette forme altérée (destinée à devenir bientôt la plus usuelle de toutes) que parurent dans les éditions imprimées les cartes de détail du géographe alexandrin.

Quant aux nouvelles cartes ajoutées d'édition en édition à l'œuvre de Ptolémée, il en est de fort célèbres, telles que la mappemonde de Jean Ruysch, publiée dans l'édition de Rome de 1508, et projetée en développement du cône dont le sommet est au pôle arctique, le cercle d'osculation à l'équateur, et la base à 38° de latitude par delà (9); puis celle de Bernard de Sylva, jointe à l'édition de Venise de 1511, et qui a pour canevas la projection homéotère de Ptolémée élargie dans tous les sens pour embrasser l'ensemble du monde connu (10); puis encore celle de Martin

qui est réputé du xive siècle, offre la plupart de ses cartes (Gaule, Italie, Sardaigne et Sicile, et toutes celles qui viennent ensuite) ainsi modifiées; c'est un motif de plus à ajouter à ceux qui nous semblent militer pour faire préférer le ms. 1402, où la projection des cartes est restée plate, ce qui témoigne d'une plus grande fidélité à reproduire l'archétype original.

(9) Elle est reproduite tout entière à l'échelle de 2/5es dans l'*Atlas du moyen âge* de Lelewel, planche XLIV; Humboldt et Santarem en avaient déjà donné quelques fragments, l'un en 1839 dans son *Histoire de la géographie du nouveau continent*, l'autre en 1842 dans l'atlas joint à ses *Recherches sur la priorité de la découverte des pays situés au delà du cap Bojador*.

(10) Lelewel en a donné une réduction dans la planche XLV de son

Waltzemüller, comprise dans l'édition de Strasbourg de 1513, et qui est une carte générale marine à projection plate (11).

XIII.

Jusques là c'est le fond plus que la forme que l'on considère en ces mappemondes où domine l'intérêt historique (1) : mais voici Jean Werner de Nüremberg qui publie en 1514, à la suite d'une traduction avec commentaire du premier livre de la Géographie de Ptolémée, un petit traité spécial de quatre nouvelles projections de la sphère terrestre (2) ; or, sur les quatre,

---

Atlas. Elle offre dans son ensemble un aspect cordiforme, que l'on trouve dans la suite plus prononcé encore dans les œuvres de ses imitateurs, tels que Pierre Bienewitz ; c'est ce genre de projection que nous avons employé nous-même pour représenter l'ensemble des terres connues d'après le *Globe terrestre trouvé à Laon, antérieur à la découverte de l'Amérique*, qui fait l'objet d'une notice insérée dans le *Bulletin de la Société de géographie* de décembre 1860.

(11) Cette carte, répétée à moindre échelle dans les éditions de 1522 et de 1525, est reproduite à peu près à l'échelle de 2/5es sur la planche XLIII de l'*Atlas* de Lelewel, qui en a rempli les nudités au moyen de quelques autres cartes de détail contenues aussi dans le Ptolémée de 1513. On sait que la préparation de ces cartes, ainsi que le projet de l'édition elle-même, remontait à l'année 1508.

(1) Le but était de constater les acquisitions successives que les voyages maritimes procuraient à la géographie, et non de s'essayer à des modes nouveaux de représentation des terres connues ; aussi les projections des trois cartes célèbres de Ruysch, Sylva et Waltzemüller sont-elles une application simplement agrandie des projections conique, homéotère, et plate de Ptolémée.

(2) Ce traité forme la troisième pièce d'un recueil ainsi intitulé :

pas une n'est réellement nouvelle : les trois premières ne sont en effet que des variantes plus ou moins heureuses de celle que nous venons de voir employée par Bernard de Sylva (3); mais sa quatrième projection

In hoc opere hæc Continentur — *Nova translatio primi libri Geographiæ Cl'. Ptolomæi : quæ quidem translatio verbum habet e verbo fideliter expressum : Joanne Vernero Nurembergensi interprete.* — *In eundem primum librum Geographiæ Cl'. Ptholomæi : argumenta, paraphrases, quibus idem liber per sententias ac summatim explicatur : et annotationes ejusdem Joannis Verneri.* — *Libellus de quatuor terrarum orbis in plano figurationibus ab eodem Joanne Vernero novissime compertis et enarratis.* — *Ex fine septimi libri ejusdem Geographiæ Cl'. Ptolomæi super plana terrarum orbis descriptione a priscis instituta geographis, locus quidam, nova translatione, paraphrasi, et annotationibus explicatus : quem recentium geographorum ut ipsorum id pace dicam, nemo hucusque sane ac medullitus intellexit* - (puis trois autres pièces qui n'ont plus la même spécialité d'intérêt) — le tout formant un volume in-folio de 68 feuillets non chiffrés, imprimé à Nuremberg l'an 1514, *pridie nonas* [4] *novembris, Phebe ad Jovis contubernium defluente*. — Le petit traité « De quatuor aliis planis terrarum orbis descriptio- « nibus », dédié à Willibald Bürckbaimer et composé à la suggestion de Jean Staben, de Vienne, occupe six feuillets, du 42ᵉ au 48ᵉ (signatures *g v* à *h iiij*).

(3) Voir ci-dessus § XII, note 10. — Les trois projections proposées sous les nᵒˢ IV, V et VI de l'opuscule de Werner sont différenciées entre elles par le rapport à établir entre un cercle représentant l'équateur, et le rayon de ce cercle représentant une moitié du méridien moyen, ce rayon divisé en 90 parties égales comptant pour 90° de latitude. — Dans le premier cas, le cercle entier est employé comme équateur et divisé en 360° de longitude, plus grands évidemment que les degrés de latitude, dans le rapport du quadrant au rayon. - Dans le second cas, les degrés de longitude sur l'équateur sont faits égaux aux degrés de latitude, ce qui réduit à environ 239° 11' du cercle donné, la portion de ce cercle consacrée à représenter l'équateur. - Enfin dans le troisième cas les 360° de l'équateur sont représentés sur le cercle

mérite une attention particulière, car tout ancienne qu'elle est, elle n'avait point encore été appliquée aux usages de la géographie, où elle devait bientôt prendre la place d'honneur : c'est celle que Ptolémée, après Hipparque, avait désignée sous le nom de Planisphère (4), que Synèse de Ptolémaïs au ve siècle avait gravée sur son astrolabe d'argent (5), que l'arabe Mèschâ-Allah au viiie siècle avait dessinée à son tour

donné par un arc total de 240°, ce qui attribue aux degrés de longitude une valeur un peu plus forte qu'aux degrés de latitude, précisément dans le rapport de l'arc de 30° à son sinus.—Dans les trois cas, les degrés de longitude sont déterminés sur chaque parallèle conformément à leur rapport réel avec le degré équatorial. — Il est aisé de voir que le deuxième cas seul répond aux conditions de la construction homéotère de Ptolémée, employée dans sa plus grande extension possible par Bernard de Sylva.

(4) Voir ci-dessus § VI, notes 6 et 7. — DELAMBRE (*Astronomie ancienne*, t. I, p. 315, et t. II, p. 456) rapporte que PROCLUS DIADOCHUS, au chap. V de son *Hypotypose* déclare, à propos de l'astrolabe, qu'il va « expliquer ce que publièrent jadis *Ptolémée après Hipparque*, » et depuis Ammonius, Proclus, Philoponus et Nicéphore », sans paraître choqué le moins du monde de rencontrer en ce passage, non seulement le nom de Proclus lui-même, mais encore celui d'Ammonius son disciple, de Philopon disciple d'Ammonius, et enfin, anachronisme bien plus frappant, celui de Nicéphore qui écrivait au xive siècle : il est évident que Proclus n'a pu écrire ce passage, qui ne se retrouve point en effet dans son texte, soit dans l'édition grecque de Jérôme Curion (Bâle 1540, in-4° ; voir p. 69) soit dans l'édition grecque-française de Halma (Paris 1820, in-4° ; voir p. 136) : le savant astronome s'est fié trop aveuglément à l'édition latine donnée à Bâle en 1551 par Schreckenfuchs, et qui contient en cet endroit une interpolation de plus de dix pages, dont nous dirons ailleurs la nature et l'origine.

(5) SYNESII *Sermo de dono Astrolabii ad Pæonium* : longue lettre que nous avons déjà citée (§ VI, note 6), où il parle d'un traité spécial

dans son traité de l'Astrolabe (6), que deux siècles après le cordouan Ould-el-Zarqyêl avait surtout vulgarisée par ses instruments et ses écrits (7), et que tout nouvellement enfin un célèbre professeur de Tubingue, Jean Stœffler, avait encore figurée dans une pu-

renfermant des théorèmes variés, composé par lui sur cette matière, et de l'instrument sur lequel il a fait l'application graphique de sa théorie, ἐν ἀργύρῳ τοῦ μέλανος ἔμφασιν βιβλίου ποιοῦντος τὸ ὑποκείμενον (παρκυξίασμεν) : c'était, comme on voit, un astrolabe d'argent niellé, auquel il avait même ajouté des ornements d'or massif διὰ χρυσοῦ στερεοῦ.

(6) Casiri (*Bibliotheca Arabico Hispana*, t. I, pp. 434-435) donne, dans le catalogue des mathématiciens arabes qu'il a emprunté au *Tarykh el Hhoqamâ* de Zouzény, une notice de Meschâ-Allah el Yehoudy, et de ses ouvrages ; c'était, suivant une expression qu'a répétée Aboulfarage (*Historia dynastiarum*, p. 161 de la vers. lat. de Pococke), le phénix de son siècle : il florissait sous El-Mansçour (qui régna de 754 à 775), et vivait encore au temps d'El-Mamoun (qui prit le sceptre en 813). Son traité de l'Astrolabe, traduit en latin, se rencontre, à une douzaine d'exemplaires, parmi les mss. de la Bibliothèque impériale ; il se trouve imprimé dès 1512 en appendice à la célèbre *Margarita philosophica* (dont nous aurons à dire spécialement quelques mots tout à l'heure) et occupe les pp. 1362 à 1415 dans l'édition de 1535, qui est la plus répandue.

(7) Casiri, *ubi supra*, t. I, p. 393. — Am. Sédillot, *Mémoire sur les instruments astronomiques des Arabes*, Paris 1841, in-4°, pp. 30 à 32, 104 à 106, et 183 à 191. — Le nom de cet astronome, que les traductions latines du moyen âge défigurent en Abraham Arzachel, est exactement Abou-Ishhaq Ibrahym ben Yahhyáy ould el-Zarqyêl el Andalosy el Qorthoby. Il florissait dans la seconde moitié du xie siècle. Ses astrolabes, dont il existe divers échantillons dans les musées de l'Europe, offrent cet avantage particulier que, sous un châssis à jour invariable, connu sous le nom d'araignée, s'ajuste à volonté une sçafyhhah ou tablette mobile sur laquelle est tracée la projection convenable à chaque latitude, de manière à varier les applications de l'instrument au gré des changements d'horizon.

blication fort répandue (8) : Werner la reproduisait sur l'horizon de Nüremberg (9) ; un ingénieux lorrain, Gaultier Lud chanoine de Saint-Dié, la donnait sous l'aspect polaire, avec le titre d'Astrolabe géographique

(8) *Elucidatio fabricæ ususque Astrolabii*, Joanne STOFLERINO Justingensi *viro germano, atque totius Sphæricæ doctissimo, autore*. — Stœffler, né à Justing de Souabe en 1472, mort en 1530, était très connu par ses Ephémerides astronomiques (MONTUCLA, t. I, p. 622) publiées à Tubingue, où il professait les mathématiques. Il a daté la première édition de son traité de l'Astrolabe, au bas de son Avis aux lecteurs, *anno salutis sesquimillesimo decimo* (1510) ; d'où il suit que l'édition d'Oppenheim 1513, in-fol., citée par LA LANDE (*Bibliographie astronomique*, p. 36) et par DELAMBRE (*Astronomie du moyen âge*, p. 374) n'est en réalité que la seconde ; celle que je possède, Oppenheim 1524, in-fol., porte l'annotation *ex secunda autoris recognitione*, ce qui constate suffisamment que l'ouvrage a été revu deux fois, et que ce n'est ici par conséquent qu'une troisième édition. — On a encore de Stœffler un petit écrit spécialement relatif aux projections, publié après sa mort par le médecin Jean Eichmann, de Marbourg, sous ce titre : *Cosmographicæ aliquot descriptiones* Joannis STÖFLERI justingensis *mathematici insignis : de Sphæra cosmographica, hoc est de globi terrestris artificiosa structura; de duplici Terræ projectione in planum, hoc est, qua ratione commodius chartæ cosmographicæ, quas mappas mundi vocant, designari queant ; omnia recens data per* J. Dryandrum, *medicum et mathematicum;* Marbourg 1537, in-4° de 20 feuillets avec 5 planches repliées dans le volume. Le tout se rapporte aux projections ptoléméennes.

(9) WERNER (*ubi suprà*, au feuillet signé *h iiij*) ; la douzième proposition est ainsi énoncée : « Planam orbis descriptionem figuræ, in
» qua enim locus datus ad cuncta alia loca super eandem posita de-
» scriptionem, suas distantias atque positionis angulos, cujusdam of-
» ficio regulamenti, cognitos exhibebit » ; au verso du même feuillet est dessinée la *formula planæ descriptionis terrarum orbis juxta præcedentem instructionem*, avec le *regulamentum* ou échelle à graduation croissante pour la mesure des distances.

ou Miroir du monde (10); puis Oronce Fine, éditeur à son tour des traités de Mêschâ-Allah et du chanoine Gaultier, en dessinait pour sa part le canevas au point de vue équatorial (11).

(10) A la suite du traité de l'Astrolabe de Mêschâ-Allah inséré parmi les morceaux ajoutés en 1512 à la *Margarita philosophica* de REISCH, se trouve un petit opuscule de neuf pages (pp. 1416 à 1424 dans l'édition de 1535) intitulé *De compositione Astrolabii geographici seu Speculi orbis*, comprenant une double figure de planisphère (l'une bornée au simple canevas d'une projection polaire, l'autre offrant en outre une légère esquisse des contours du monde connu), suivie d'une *Declaratio Speculi orbis compositi a Gualtero Lud. canonico Deodatensi.* — Ce nom de *Lud.* quoique ainsi écrit accompagné d'un point comme s'il y avait là une abréviation (ainsi que l'a cru Ortelius qui transcrit tout au long *Gualterus Ludovicus*) est néanmoins parfaitement complet en ces trois lettres : c'est ce que démontre la mesure de quelques vers latins de ce temps, dans lesquels il a pris place, et même un jeu de mots significatif : *cum ludo (si caret orbe) vocor :* c'est-à-dire *Ludo* sans *o.*—Gaultier Lud est renommé chez les bibliographes pour avoir introduit l'imprimerie à Saint-Dié au commencement du XVIᵉ siècle, et y avoir (peut-être) fait paraître en 1507 la célèbre *Cosmographiæ introductio* de Martin Waltzemüller, et (plus certainement) d'autres volumes curieux. Voir à ce sujet OBERLIN, *Notice de la Grammatica figurata de Philésius* dans le *Magasin encyclopédique* de l'année 1799, t. V, pp 323 à 327 ; GRAVIER, *Histoire de la ville et de l'arrondissement de Saint-Dié*, Epinal 1836, in-8°, pp. 202 à 209 ; et BEAUPRÉ, *Recherches historiques et bibliographiques sur les commencements de l'imprimerie en Lorraine*, Saint-Nicolas-du-Port 1845, in-8°, pp. 59 à 87. — L'obligeant empressement des érudits lorrains près desquels j'ai cherché des détails ultérieurs, n'a pu rien ajouter aux renseignements consignés dans les ouvrages que je viens de citer ; et l'un d'eux s'est évidemment mépris en supposant un rapport quelconque entre la *Cosmographiæ introductio* de Waltzemüller et la *Declaratio Speculi orbis* de Gaultier Lud.

(11) Malgré la diphthongue du nom latinisé de *Finæus*, c'est *Oronce*

XIV.

On s'appliquait surtout, en ce temps où le monde s'agrandissait de jour en jour et s'était doublé en

Fine, par un *e* muet, suivant l'observation d'un biographe dauphinois (A. Rochas, *Biographie du Dauphiné*, Paris 1860, t. I, pp. 384 à 393, et *Biographie générale* de Didot, t. XVII, pp. 706 à 712), que doit se prononcer le nom français du célèbre professeur natif de Briançon, nom qui s'est perpétué dans le pays, et qui est toujours imprimé sans accent dans les ouvrages qu'il a publiés en français.—On attribue vulgairement à Oronce Fine toutes les additions formant appendice à la *Margarita philosophica*, sorte d'encyclopédie élémentaire rédigée à la fin du xve siècle par *Grégoire* (et non Georges) Reisch, qu'on peut conjecturer avoir été alors étudiant à l'Université de Heidelberg aux frais du comte de Zolrn (Zollern), et qui devint ensuite prieur de la Chartreuse de Fribourg et confesseur de l'empereur Maximilien Ier; il s'était d'abord refusé à faire imprimer son œuvre, mais il céda sans doute à des conseils pressants, dont un échantillon nous a été conservé dans les anciennes éditions, en une pièce de vers latins datée de Heidelberg le 3 des kalendes de janvier 1496, sous le nom d'Adam Wernher; et c'est en conséquence à l'année 1496 et à la ville de Heidelberg qu'on attribue une première édition sans lieu ni date (que personne toutefois ne déclare formellement avoir vue) de la *Margarita philosophica*, dont la première édition connue avec date est de Fribourg, juillet 1503 (*chalchographatum primiciali hac pressura Friburgi per Joannem Schottum argentinensem, citra festum Margarethæ anno gratiæ M.CCCCC.III*) ; il en parut deux autres éditions presque simultanément à Strasbourg en 1504, l'une *in vigilia Mathiæ* (24 février) chez Jean Grüninger, l'autre le 17 des kalendes d'avril (16 mars) chez Jean Schott; il y en eut encore deux en 1508, l'une à Bâle, l'autre à Strasbourg; puis une à Strasbourg en 1512, remarquable par un appendice, qui est reproduit avec quelques additions en 1515 également à Strasbourg, mais qu'on ne retrouve pas dans l'édition de Bâle 1517. On compte encore une édition de Strasbourg 1519 (que je n'ai point

quelque sorte par les découvertes poussées jusqu'aux

vue) et l'on oublie généralement une édition de 1523, constatée cependant par la dédicace adressée à cette date à Michel Boudet évêque de Langres, par Oronce Fine (*Parisiis, ex regali collegio Navarræ. M.D.XXIII.*), et qui se trouve réimprimée en tête des deux dernières éditions latines, toutes deux de Bâle, 1535 et 1583. (Celle-ci a servi de type à la traduction italienne de Gallucci, Venise 1599, in-4°). Le titre, ou plutôt ses développements accessoires, varient souvent d'une édition à l'autre; la dernière porte : '*Margarita philosophica.....a F. Gregorio* Reisch *dialogismis primum tradita : dein ab* Orontio Finæo *delphinate Regio parisiensi mathematico necessariis aliquot auctariis locupletata*. Celle de 1535 disait : *Margarita philosophica, rationalis, moralis, Philosophiæ principia duodecim libris dialogice complectens, olim ab ipso autore recognita : nuper autem ab* Orontio Fineo *delphinate castigata et aucta, una cum appendicibus itidem emendatis et quamplurimis additionibus et figuris ab eodem insignitis*. — Sur les nombreuses pièces réunies dans l'appendice des éditions qui portent le nom d'Oronce Fine, la moitié se rencontre déjà dans l'édition de Strasbourg 1512, et parmi elles les opuscules de Meschâ-Allah et de Gaultier Lud que nous avons cités ; il semble donc que si Oronce Fine les a publiés à son tour, il n'en a point, de fait, été le premier éditeur. — C'est dans le traité intitulé : *Sphæra mundi sive Cosmographia* (compris d'abord dans le *Protomathesis, opus varium ac scitu non minus utile quam jucundum*, Paris 1532, in-fol.; puis imprimé séparément à diverses fois, de 1542 à 1555, in-8° et in-4°, soit en latin, soit en français sous le titre de *L'Esphère du monde*; lib. V, cap. vii) qu'Oronce Fine a donné la règle et la figure de la projection *planisphérique* du globe sur le plan du méridien, à la suite de procédés moins irréprochables relatifs à une projection analogue à la troisième de celles de Werner (voir ci-dessus, note 3) où l'arc de 240° représente les 360° de l'équateur ; et c'est, comme il arrive trop souvent, à cette projection de moindre valeur que la vogue attacha le nom d'Oronce ; c'est celle que l'on reproduisait spécialement, ainsi qu'on en voit un exemple dans la carte intitulée : *Cosmographia universalis ab* Orontio *olim descripta : Joannes Paulus Cimerlinus Veronensis in æs incidebat anno* 1566 ; sur feuille volante de format écu.

dernières extrémités de la terre (1), on s'ingéniait à combiner les éléments de projection de manière à renfermer dans un seul cadre tout l'ensemble du globe. Pierre Benewitz (ou *Apianus*, comme il se faisait plus agréablement appeler en latin), auteur d'une carte (2), en date de 1520, d'une très mince valeur réelle, mais fort recherchée aujourd'hui par les amateurs de raretés parce qu'elle est la première où se trouve inscrit le nom d'Amérique (et l'on sait qu'en bibliographie la mode est aux choses d'Amérique), Apianus donc pu-

(1) Le tour du monde se trouva de fait accompli par les Européens le jour (8 novembre 1521) où les restes de l'expédition de Magellan abordèrent par l'est à Tidor, où François Serrão était déjà venu par l'ouest. Mais l'Europe elle-même n'en fut instruite qu'à la rentrée à San-Lucar du navire la *Vittoria*, le 6 septembre 1522.

(2) *Tipus orbis universalis juxta Ptolomei cosmographi traditionem et Americi Vespucii aliorumque lustrationes*, a Petro Apiano Leysnico elucubratus, anno Domini M.DXX, sur une feuille de format écu. Dans les angles inférieurs du cadre se trouvent, à gauche le monogramme de Luc Alantsc de Vienne accompagné des sigles Jo. K., et à droite les sigles L. F. Elle est jointe à l'édition de Solin avec le commentaire de Camers (Jean Ricuzzi Vellini de Camerino), donnée la même année par le même éditeur. Elle a été particulièrement signalée par Alexandre de Humboldt dans une note sur la *Chronologie des plus anciennes cartes d'Amérique*, insérée au *Bulletin de la Société de géographie* de décembre 1835, pp. 411 à 414, et dans un mémoire ultérieur *über die ältesten Karten des neuen Continents und den Namen Amerika*, daté de mai 1852 et imprimé en tête de l'ouvrage de Ghillany, *Geschichte des Seefahrers Ritter Martin Behaim*, Nüremberg 1853, in-4° max., pp. 1 à 12 : voir spécialement p. 8 ; (dans l'un et l'autre endroit, disons-le en passant, Humboldt se trompe en supposant que l'*Epistola Vadiani ad Rudolphum Agricolam juniorem*, où se trouve le nom d'Amérique, n'aurait été publiée qu'en 1522 ; elle est expressément comprise dans l'édition de Méla de Vienne 1518).

blia en 1524 un petit traité de Cosmographie, bien connu (3), orné de gravures dans le texte, où la disposition des méridiens et des parallèles, comptés de 10 en 10 degrés, est représentée en une série de lignes droites équidistantes pour ceux-ci, et une série de demi-cercles équidistants pour ceux-là, les uns se multipliant jusqu'au nombre de 36 (ce qui fait 360 degrés), et les autres s'allongeant à proportion, afin de remplir dans toute sa largeur la figure de l'orbe terrestre entier, développé en ovale dont le plus grand diamètre coïncide avec l'équateur du globe (4).

C'était l'esquisse rudimentaire d'une projection nouvelle, qui, d'abord risquée dans ces proportions exiguës (5), devait engendrer, à vingt ans d'intervalle, la grande et remarquable mappemonde de Sébastien Cabot, où, comme dans les spécimens d'Apianus, l'échelle des longitudes est expressément d'un tiers moindre que celle des latitudes, de peur d'une extension démesurée du cadre dans le sens d'est en ouest (6) : mais

(3) *Cosmographicus liber* Petri APIANI *mathematici*, Landshut 1524, in-4°. Cette première édition est très rare, mais il y en a un grand nombre d'autres. Celle que je possède est celle d'Anvers 1533, qui reproduit ce livre *jam denuo integritati restitutus per* GEMMAM *Phrysium*, in-4°.

(4) Ces figures appartiennent aux chapitres VII et VIII de la première partie, et se trouvent aux foll. *viij* verso et *ix* de l'édition de 1533.

(5) Les deux figures d'Apianus n'ont, à peu près, que huit centimètres de large et 53 millimètres de haut.

(6) L'ovale qui la contient mesure, dans œuvre, 148 centimètres sur le grand axe et 111 centimètres sur le petit axe. A échelle égale, le grand axe, qui représente le développement de l'équateur, devrait

c'était là une considération purement accidentelle, qui ne devait entraver aucunement le retour ultérieur à l'uniformité d'échelle. Facile à tracer, ce mode de projection fit fortune (7), et il se répandit dans toute l'Europe à la faveur surtout des publications capitales de Sébastien Munster (8) et d'Abraham Ortelz (9), qui

avoir une longueur totale de 222 centimètres, double du petit axe qui représente le développement du méridien moyen; la dimension a donc été réduite d'un tiers dans le sens des longitudes, et des échelles distinctes pour les latitudes et pour les longitudes ont en conséquence été inscrites en divers endroits de cette mappemonde, dont il existe au département géographique de la Bibliothèque impériale, un bel exemplaire que JOMARD a reproduit en fac-simile dans sa collection des *Monuments de la géographie*.

(7) LELEWEL en a donné, dans son *Atlas du moyen âge* (pl. XLVI, n°[s] 126, 127, 129), trois échantillons empruntés à Bordone, au moine François, et à Sébastien Munster; on en trouve de Gastaldo, de Forlani, de Camozzi, de Magini, de Gérard de Jode, de Langren, etc.

(8) *Cosmographiæ universalis libri VI*, auctore Sebastiano MUNSTERO, Bâle 1550, gros in-fol., réimprimé nombre de fois au même lieu; (l'édition que je possède est de 1572). L'ouvrage avait d'abord paru en allemand en 1541, et les réimpressions en sont également nombreuses; il a aussi été publié en français en 1552, et en italien en 1558, et en d'autres langues encore. — La mappemonde ovale est placée en tête avec ce titre assez curieux: *Universalis typus orbis terreni pulchre ostendens quibus in locis terra discooperiatur ab aquis, et quomodo natura rei tres præcipuæ ejus partes Europa Africa et Asia ad invicem discriminentur; item quem sibi vindicent locum novæ illæ insulæ nostro ævo in oceano inventæ, quas Novum appellant Orbem.*

(9) Abraham ORTELIUS, *Theatrum orbis terrarum*, Anvers 1570, in-fol. Ce précieux recueil, dont il y a eu de nombreuses reproductions en divers pays, a été, de la part de LELEWEL, l'objet d'un examen approfondi dont le résultat final est consigné dans sa *Géographie du moyen âge* (t. V, ou *Épilogue*, Bruxelles 1857, in-8°, pp. 214 à

l'avaient adopté pour leurs mappemondes; mais il suivit la destinée de ces grandes œuvres, et ne leur survécut pas.

XV.

Entre-temps apparaissait un système de projection d'une bien autre portée, qui allait tout d'un coup et à toujours s'impatroniser magistralement dans la pratique des marins. — Leurs cartes plates avaient l'énorme inconvénient de déformer les configurations terrestres et de fausser les directions et les gisements à mesure qu'on avançait dans les hautes latitudes (1) : Gérard

---

219). Il fait le relevé de vingt éditions, où le nombre des cartes, originairement de 53, fut porté, par des additions successives, jusqu'à 119.

(1) Cet inconvénient était déjà remarqué par PTOLÉMÉE (*Géographie*, liv. I, chap. xx); on a cependant attribué au portugais Pero Nunes le mérite de l'avoir signalé le premier (MOLLWEIDE, dans la *Monatliche Correspondenz* de ZACH, novembre 1806, p. 490; MALTE-BRUN, *Précis de géographie*, tome II, p. 124); mais est-il bien certain que cette primauté lui appartienne, même entre ses contemporains, et n'aurait-il pas été devancé par l'aragonais Martin CORTÉS (*Breve compendio de la sphera y de la arte de navegar*, Séville 1551, in-fol.; Parte III, cap. ij, fol. 65); son thème d'ailleurs est plutôt au contraire de faire valoir les avantages des cartes plates sur les projections curvilignes (Petri Nonii Salaciensis, *De arte atque ratione navigandi libri duo*, Bâle 1566, in-fol.; lib. II, capp. i à iij, pp. 13 à 45). Quoi qu'il en soit, les défauts des premières n'étaient dissimulés non plus ni par *Cortés*, ni par *Nunes*, et Edouard WRIGHT (*Certaine errors in navigation detected and corrected*, Londres 1599, in-4°; 2ᵉ édition 1610, feuillet 5 verso de la préface, et p. 12) se réfère expressément sur ce point à ces deux auteurs.

Kaufmann de Rupelmonde, que la postérité ne connaît plus que sous le nom latin de Mercator, trouva le moyen de rétablir l'harmonie des formes et la vérité des directions par un artifice des plus simples, mais dont personne encore ne s'était avisé, savoir, d'allonger progressivement l'intervalle des parallèles en proportion de l'écartement anormal des méridiens, afin de rétablir entre les uns et les autres le juste rapport des dimensions effectives (2). Une grande mappemonde construite dans ce système fut publiée à Duysbourg au mois d'août 1569 par le savant géographe (3). Croirait-on que, sous le prétexte qu'il n'avait pas expliqué en détail au public ses procédés de calcul, on osa lui disputer l'honneur de son invention ? Eh ! qu'importe qu'Edouard Wright en ait, vingt ou trente ans plus

(2) Le décroissement de valeur des degrés de longitude en s'éloignant de l'équateur, étant proportionnel au décroissement des cosinus des latitudes correspondantes, il s'ensuit que le maintien du parallélisme des méridiens à toutes les latitudes fausse les longitudes en sens inverse, exactement dans la même proportion ; pour rétablir l'équilibre il faut donc accroître la mesure des latitudes en raison inverse de leurs cosinus, ou ce qui revient au même, en raison directe de leurs sécantes. C'est là précisément ce qu'a exécuté Mercator.

(3) *Nova et aucta orbis terræ descriptio ad usum navigantium emendatè accommodata.* — Cette carte, large de deux mètres sur 126 centimètres de haut, se trouve reproduite en fac-simile dans les *Monuments de la géographie* de JOMARD, dont elle forme la huitième et dernière livraison ; mais les légendes qui dans l'original remplissent divers compartiments, ne sont pas transcrites sur la copie. Elles ont été relevées et imprimées par LELEWEL dans un appendice de sa *Géographie du moyen âge* (tome II, pp. 225 à 233), où elles sont accompagnées d'une petite réduction à 0.21 de l'échelle. — Un compartiment réservé dans le coin inférieur de droite offre un *Organum directorium*

tard, énoncé la formule? L'idée et l'application matérielle appartenaient exclusivement à Mercator, et le temps a fait justice des prétentions rivales (4) : juste

graphique ; puis, dans un autre compartiment voisin, est inscrit un *Brevis usus organi directorii*, et dans un autre compartiment encore, vers le coin inférieur de gauche, est un complément d'explication sous ce titre : *distantiæ locorum mensurandæ Modus*. — « Plana majoraque
» de hoc organo in Geographia nostra, Deo volente, dabimus », disait-il à la fin du *Brevis usus;* mais cette Géographie qu'il annonçait n'a jamais paru.

(4) HALLEY, *An easie demonstration of the analogy of the logarithmick tangents to the Meridian Line or sum of the secants : with various methods for computing the same to the utmost exacteness* (dans les *Philosophical Transactions*, vol. XVIII, *for the year* 1694, Londres 1695, in-4°, pp. 202 à 214) : « a true Sea-Chart..... though it
» generally be called Mercator's, was yet undoubtedly Mr. Wright's
» invention (as he has made it appear in his Preface) ». — [MEAD], *The Construction of Maps and Globes*, Londres 1717, in-8°: p. 94 : « *To project* Wright's (commonly call'd Mercator's) *Chart*. This admi-
» rable countrivance having conferr'd such honour upon the author, no
» wonder that we find two of the most eminent mathematicians in
» the age it was produc'd, contending for it : the truth is, Mr. Wright
» having found out his method, communicated it too freely to Mer-
» cator (!...) who publish'd a chart thereupon, and Batillus like, took
» the invention of it to himself. » (!!!) — BOUGUER, *Nouveau traité de navigation*, Paris 1753, in-4°; p. 119 : « Nous devons .... l'idée dis-
» tincte des cartes réduites à Édouard Wright..... On a souvent attri-
» bué cette découverte au fameux Gérard Mercator, quoiqu'il n'ait
» fait autre chose que mieux régler dans les cartes ordinaires la gran-
» deur des degrés des parallèles » (!...) — MONTUCLA, *Histoire des mathématiques*, Paris 1758, 2° édit. 1799, in-4° ; tome II, p. 651 : « Mer-
» cator..... en donna la première idée, en remarquant qu'il faudrait
» étendre les degrés des méridiens d'autant plus qu'on s'éloignerait
» davantage de l'équateur; mais il s'en tint là (!) et il ne paraît pas
» avoir connu (!!..) la loi de cette augmentation : Édouard Wright

au moins une fois, la commune renommée n'a conservé que le nom de Mercator.

Mais ce n'est pas le seul progrès que l'art des pro-

» la dévoila le premier, » etc. — BERTUCH und REICHARD, *Allgemeine geographische Ephemeriden*, tome XVIII, Weimar 1805, in-8°, p. 363 : *vermischte Nachrichten*, 3 : « Edward Wright, bekannt als der Er-
» finder der wahren Construction der gewöhnlich sogenannten Merca-
» tor's Charten... » etc. — Edward WRIGHT, *Certaine Errors in Navigation detected and corrected*, pages 12ᵉ et 13ᵉ de la préface : « But to
» come to those that may perhaps object I doe but *actum agere* in doing
» no more than hath bin done alreadie by Gerardus Mercator in his
» universall Mappe of the world many yeeres since : ..... I must
» answer, that indeed by occasion of that mappe of Mercator, I first
» thought of correcting so many and grosse errors and absurdities as
» I have alreadie touched and are hereafter at large shewed in the
» common sea-chart, by increasing the distances of the parallels from
» the æquinoctial towards the pole..... But the way how this should
» be done I learned neither of Mercator nor of any else. And in that
» point I wish I had been as wise as hee in keeping it more charily to
» my selfe. » — On voit que Wright lui-même reconnaissait que la carte de Mercator lui avait servi de guide, et qu'il avait seulement deviné la méthode dont le géographe allemand n'avait pas fait part au public. (Ce dont il se plaignait en réalité, c'est que Josse Hondt, par un flagrant abus de confiance, eût publié sans son aveu des extraits de son propre manuscrit, qu'il lui avait obligeamment prêté, et eût tiré de cette publication de grands profits, dont il avait eu l'ingratitude de ne tenir aucun compte à l'auteur). Wright ne se posait donc nullement en compétiteur de Mercator, et Denis BARBIÉ DU BOCAGE (*Mémorial du Dépôt de la guerre*, tome I, p. 9) a plus exactement attribué aux compatriotes de Wright la singulière prétention qu'il n'avait point élevée lui-même ; et la plupart des écrivains, allemands aussi bien que français, ont plus ou moins complétement répété, sans un suffisant contrôle, les assertions des Anglais à cet égard. Cependant, quelques-uns exposaient plus exactement la question et reconnaissaient la primauté incontestable de Mercator, tout en consta-

jections doive à ce grand géographe : il avait apporté aussi dans les procédés du développement conique un perfectionnement trop peu remarqué alors, et dont les savants ont, un peu à l'étourdie, fait honneur, deux siècles plus tard, à l'astronome Joseph-Nicolas De l'Isle (5) pour l'avoir appliqué à la construction de la

tant qu'une table des latitudes croissantes fournie par Wright était publiée dès 1594 par Blundevill (voir les *Philosoph. Transact.* de 1758, p. 565). — Quant aux perfectionnements de la théorie analytique de la projection de Mercator, il faut, outre le mémoire de Halley, cité au commencement de cette note (et qui rappelle les essais antérieurs de Bond, Gregory, Barrow et Wallis), voir aussi : MURDOCH, *Nouvelles tables loxodromiques ou application de la théorie de la véritable figure de la terre à la construction des cartes marines réduites*, traduit de l'anglais par M. de Brémond, Paris 1742, in-8°; MONTUCLA, *Note sur la construction des cartes par latitudes croissantes* (dans son *Histoire des mathématiques*, tome II, pp. 660-661); PUISSANT, *Construction des cartes réduites en ayant égard à l'aplatissement de la terre* (dans son *Supplément au second livre du Traité de topographie, contenant la théorie des projections des cartes*, Paris 1810, in-4°, pp. 90 à 99); etc., etc.— BONNE ayant, dans divers mémoires (*Analyse du Petit Neptune anglais*, Paris 1762, in-4°; *Analyse de la carte de la Méditerranée*, Paris 1763, in-4°; *Réfutation d'un ouvrage de Rizzi-Zannoni sur différents points de géographie*, etc., Padoue 1765, in-12) insisté sur le soin qu'il prenait de tenir compte de l'aplatissement de la terre dans l'emploi graphique des latitudes croissantes, Didier Robert de Vaugondy (*Mémoire sur une question de géographie pratique* Paris 1775, in-4°) chercha à démontrer devant l'Académie des sciences que cet aplatissement ne pouvait pas être rendu matériellement sensible sur les cartes, et que les géographes pouvaient le négliger sans être taxés d'inexactitude.

(5) Léonard EULER, *De projectione geographica Del'Isliana in mappa generali Imperii Russici usitata*, dans les *Acta Academiæ scientiarum imperialis Petropolitanæ pro anno MDCCLLXVII*, Saint-

grande carte de Russie publiée en 1745 sous sa direction (sans parler du quiproquo de ceux qui ont attribué tout cela à son frère cadet Del'Isle de la Croyère (6), le compagnon de voyage de Behring). Ptolémée, sans se rendre peut-être à lui-même un compte bien net des principes auxquels se rattachait sa méthode graphique, se trouvait en réalité baser sa projection sur le développement du parallèle moyen (7); Mercator, au lieu du cône simplement ainsi tangent à la sphère, supposa un cône traversant le globe sur deux parallèles symétriquement choisis, de manière à balancer dans de justes proportions le rétrécissement et la dilatation des surfaces représentées dans le milieu ou sur les bords de sa carte : le mérite de cette modification, qu'il mit en pratique dès 1554 pour une grande carte de l'Europe (8), vaut bien la peine d'être reven-

---

Petersbourg 1778, in-4°, pp. 143 à 153. — Jean-Tobie Mayer, *Verzeichnung der Charten*, § 32, p. 270. — Raupach, *Die Theorie der geographischen Netze*, §§ 21 et 22, pp. 45 à 49. — Puissant, *Traité de topographie, d'arpentage et de nivellement*, Paris 1807, in-4°; p. 136.

(6) Lacroix, *Introduction à la géographie mathématique et critique*, 2e édition, Paris 1811, in-8°; p. 112. — Malte-Brun, *Précis de la géographie universelle*, tome II; p. 111.

(7) Voir ci-dessus § VIII, note 2.

(8) Nous n'avons pu rencontrer d'exemplaire de cette grande carte d'Europe, soit de l'édition originale de 1554, soit de la seconde édition de 1572; mais il s'en trouve, dans l'atlas posthume édité en 1595 par son fils Rumold, une réduction que nous avons examinée; le titre en est ainsi conçu : « Europa, ad magnæ Europæ Gerardi Mercatoris
» patris imitationem, Rumoldi Mercatoris filii curâ edita, servato
» tamen initio longitudinis ex ratione magnetis, quod Pater in magnâ
» suâ universali posuit. — Medius meridianus 50; reliqui ad hunc

diqué, et nous la restituons expressément ici à Gérard Mercator.

XVI.

Après la grande carte de Cabot et les grandes cartes de Mercator, nous avons à citer encore une grande carte de Guillaume Postel, dont la projection a aussi

» inclinantur pro ratione 60 et 40 parallelorum ». C'est-à-dire que la convergence des méridiens est déterminée par le rapport mutuel des parallèles de 40° et de 60° de latitude, et c'est en même temps sur ces deux parallèles que se vérifie exactement le rapport normal des degrés de longitude avec les degrés du méridien, tandis qu'il y a contraction dans la zône intermédiaire, et au contraire expansion dans les deux zônes extérieures, d'où il suit évidemment que les parallèles de 40° et de 60° sont les cercles d'osculation d'un cône sécant. — Denis Barbié du Bocage (dans le *Mémorial du Dépôt de la guerre*, tome I, p. 9), a bien signalé l'existence de cette condition dans la projection cônique de Mercator, mais en la faisant remonter à Ptolémée, ce qui est certainement une erreur : « Mercator (dit-il) conserva » la projection cônique de Ptolémée pour les cartes géographiques » particulières ; et il la construisit, comme ce géographe, en inclinant » ses méridiens en raison de leur distance prise sur deux parallèles.... » Par ce moyen il compensa la dilatation des parties extrêmes de sa » carte en resserrant celle qui était comprise entre ces deux paral- » lèles.... Plusieurs géographes ont imaginé de faire ce cône tangent » au parallèle du milieu de la carte.... mais.... les plus habiles géo- » graphes ont toujours préféré la méthode de Mercator et de Ptolé- » mée ». — Ptolémée avait de simples procédés graphiques médiocrement rigoureux, qui se résolvaient, comme nous l'avons dit, en un développement du cône tangent sur le parallèle moyen ; tandis que c'est bien, autant que nous puissions le savoir, Gérard Mercator qui le premier a employé les deux cercles d'osculation (ou de pénétration) sur lesquels il a développé le cône sécant.

sa nouveauté (1) : l'hémisphère septentrional y est représenté sous l'aspect polaire ; et comme de raison, les méridiens y rayonnent en lignes droites pendant que les parallèles se succèdent en cercles concentriques ; mais au lieu d'observer dans leur espacement une progression croissante ou décroissante suivant les lois du Planisphère ou de l'Analemme, ces parallèles circulaires conservent entre eux la plus parfaite équidis-

(1) *Polo aptata nova charta universi*, auth. Guil°. POSTELLO. Grande carte de 120 centimètres de large sur 925 millimètres de haut comptés sur le filet extérieur d'encadrement ; cet encadrement lui-même, large de 8 centimètres, contient, outre le titre ci dessus inscrit dans une banderolle, vingt écussons aux armes des diverses puissances de l'Europe, répartis au milieu d'élégantes arabesques, et aux angles, quatre cartouches circulaires contenant, en bas deux roses des vents, en haut à gauche Paris et à droite Jérusalem avec l'indication du gisement des contrées à leur horizon. Au centre de ce grand cadre est placée la projection de l'hémisphère septentrional dans un cercle de 375 millimètres de rayon ; l'hémisphère austral, partagé en deux moitiés, occupe deux demi-cercles de 17 centimètres de rayon, symétriquement placés dans les deux cantons supérieurs, tandis que les deux cantons inférieurs sont remplis par les deux hémisphères célestes. Le cercle principal et les deux demi-cercles annexés sont munis, chacun, d'une alidade graduée, en carton léger, mobile autour de son centre au moyen d'un rivet de métal. La carte est gravée sur bois avec beaucoup d'élégance, et tirée sur papier très fort. — L'édition originale fut publiée à Paris en 1581 par Jean de Gourmont ; il en fut fait un nouveau tirage en 1586 par Denis de Mathonière, qui substitua une version française aux légendes latines renfermées dans quelques cartouches ; et elle parut de nouveau sous cette forme en 1621, chez Nicolas de Mathonière. C'est seulement ce dernier tirage que j'ai pu examiner, sur l'exemplaire qu'en possède le Dépôt général des cartes et plans de la marine. Les mêmes planches xylographiques ont dû servir pour toutes ces éditions : les légendes mobiles seules auront été changées.

tance (2). Le savant vieillard, dont ce fut l'œuvre dernière (3), introduisait ainsi dans la carthographie un procédé de construction qui a été fort employé depuis.

Plus grande encore que la carte de Postel, veut être mentionnée ici une singulière mappemonde, dédiée à l'archiduc Albert d'Autriche fils de l'empereur Maximilien, par Octave Pisani, qui l'a décorée de sa propre image (4) : c'est la terre entière projetée autour du

---

(2) C'est, autant que je puisse le savoir, le premier exemple de projection dans cette double condition (appliquée ici sous l'aspect polaire) d'équidistance simultanée tant des méridiens que des parallèles, constituant ce qu'on appelle aujourd'hui, avec plus de commodité que de justesse, projection globulaire (voir ci-après §§ XX et XXIV).

(3) Guillaume Postel, né le 28 mai 1505, mourut à Saint-Martin-des-Champs le 6 septembre 1581, et nous savons par Jacques Severt (*De orbis catoptrici seu Mapparum mundi principiis descriptione ac usu*, Paris 1590, 2ᵉ édit. 1598, in-f°, p. 97) que sa carte fut imprimée d'abord chez Jean de Gourmont; or nous savons d'autre part (Lottin l'aîné, *Catalogue chronologique des libraires et des libraires-imprimeurs de Paris*, Paris 1789, in-8°, p. 52) que Jean de Gourmont ne fut reçu imprimeur-libraire qu'en cette même année 1581 qui fut celle de la mort de Postel, ce qui détermine avec précision la date de l'édition princeps ; et quant à la seconde édition, Severt, qui écrivait six ans après la mort de Postel (« abhinc sex annis in Martiniano cœnobio » annosus obiit »), c'est-à-dire en 1587, ajoute qu'elle était de l'année précédente, ce qui indique bien 1586 : « Guilielmi Postelli Mappa.....
» quam Lutetiæ Joannes à Gourmontio excudebat, nunc verò Dionisius
» de Mathoniere, sed ejus gallicè reddidit ab anno elapso commen-
» tariola ».

(4) Octavii Pisani *Globus terrestris planisphericus*; grande carte carrée dont le cadre n'a pas moins de 164 centimètres de côté, avec un planisphère orbiculaire inscrit, de 80 centimètres de rayon ; le canton supérieur de gauche est orné d'une sorte de péristyle au simple trait, servant de cartouche à la dédicace, ainsi conçue : « Serenissimo invic-

pôle austral. L'écartement des parallèles croît progressivement jusqu'à l'équateur suivant les lois du Planisphère d'Hipparque ; mais à partir de l'équateur la progression est renversée, et l'hémisphère septentrional fuit vers les bords en se déformant d'une manière de plus en plus monstrueuse (5). Ce n'est pas tout : l'au-

» tissimoq. principi Dom. Alberto archiduci Austriæ duci Burgund. etc.
» hos globos planisphericos dicat humillimus servus Octavius Pisani.»
Les deux cantons inférieurs sont remplis par deux figures au trait dessinées avec une grande aisance, à gauche la Fortune, à droite le Temps, soutenant le globe même qui fait l'objet du tableau. Enfin dans le canton supérieur de droite, une Renommée plane sur une épure réduite du système de projection dans lequel est construit le grand planisphère, et au-dessous un médaillon ovale contenant le portrait de l'auteur, souscrit de son nom *Octavius Pisani*, est entouré en exergue de cette devise, qui semble un avertissement aux critiques disposés à une appréciation trop sévère de son travail : « Nil facilius et vilius » quam sine certo judice maledicere aut irridere aliorum labores ». — Cette carte, dont je n'ai vu d'autre exemplaire que celui qui appartient au Dépôt général des cartes et plans de la marine, ne porte point de date ; mais la dédicace peut servir à déterminer, au moins approximativement, l'âge de cette œuvre singulière, car l'archiduc Albert y étant titré duc de Bourgogne, elle doit être postérieure à sa renonciation à la pourpre romaine et à l'archevêché de Tolède, pour épouser en 1599 Isabelle d'Autriche, fille de Philippe II, qui lui porta en dot la Franche-Comté avec les Pays-Bas ; et peut-être l'épithète d'*invictissimo* semblerait-elle impliquer en même temps qu'il n'avait pas encore été battu en juillet 1600 par Maurice de Nassau. Notre carte aurait, en ce cas, été publiée à la fin 1599 ou au commencement de 1600. Que si les hardiesses de la flatterie semblaient devoir ôter toute valeur au second indice, la date en pourrait descendre jusqu'à l'année 1621, date de la mort de l'archiduc.

(5) L'épure réduite du canevas de projection, tracée dans le canton supérieur de droite, entre la figure de la Renommée et le portrait de

teur n'a eu garde d'oublier que la projection de l'astronome grec suppose la sphère vue par sa face concave, et il a en conséquence dessiné toutes les configurations de sa carte à rebours de l'ordre naturel (6), en sorte

l'auteur, a pour titre *Thesis delineationis;* dans l'aire circonscrite par l'équateur se lisent les mots *projectio ordinaria;* dans l'anneau extérieur, jusqu'au dernier cercle représentant l'expansion linéaire du pôle septentrional, sont écrits en travers, en deux endroits les mots *project. suppos.*, puis encore *projectio planispher.*, et enfin *Prospect. planispherica ex hypothesi.* — L'application de cette hypothèse sur le planisphère transforme par exemple la Grande-Bretagne en une île mesurant de l'ouest à l'est un décimètre, et du nord au sud 3 centimètres seulement.

(6) C'est-à-dire en faisant se succéder dans le sens caractérisé aujourd'hui en physique par le mot *dextrorsùm*, les points et les configurations géographiques qui procèdent d'est en ouest dans le sens contraire. — Une autre carte du même auteur, mais de dimensions moindres, existe au Département des cartes de la Bibliothèque impériale (portef. 112 du fonds de Saint-Victor); le titre « Octavii Pisani *Globus terrestris projectus* » surmonte une mappemonde orbiculaire de 45 centimètres de rayon, sous l'aspect polaire austral comme la précédente, mais en projection homogène pour le tout, et semblable à celle de G. Postel, sauf continuation jusqu'à 90° au delà de l'équateur; les configurations terrestres y sont aussi représentées dans le sens direct. Sans doute les moqueries prévues auxquelles l'auteur faisait allusion dans sa première carte, n'avaient pas manqué de se produire, et l'avaient converti. Son nouvel œuvre contient aussi son portrait, avec une nouvelle apostrophe « ad maledicum : O tu qui ma-
» ledicis huic operi, fac tu meliorem formam operis in dato et in
» quæsito, nempe globum ut rotundum et ut unum in plano delineare
» simul ». Il s'est dessiné tenant devant lui un globe terrestre reposant sur une table plane au bord supérieur de laquelle est écrit : « Modus projiciendi globum in plano in uno circuli ambitu integrum ». Dans les coins inférieurs de la carte sont tracés divers canevas de projections : à droite *Modi præcipui delineandi totum globum in plano seu*

qu'il faudrait, pour y reconnaître quelque chose, un effort d'attention et de patience que ne méritent point de semblables aberrations.

XVII.

Avant de laisser derrière nous le xvie siècle, il nous faut enregistrer encore quelques noms qui se sont trouvés à divers titres, ou par le simple caprice de la

cartas universales, à gauche *Modus delineandi frustum globi seu cartas particulares*. Le nom de l'auteur et celui du graveur, la date du lieu et de l'année sont exprimés : « Octavii Pisani delineavit, Petrus » Verbist excudit Antverpiæ a° 1637 ». La dédicace est adressée « D. Philippo IIII D. G. catholico Hispaniarum Indiarumq. regi, totius » orbis monarch. invictissimo ». Les figures de la Fortune et du Temps, celles des quatre Saisons, et d'autres encore donnent un cachet particulier d'élégance pittoresque à cette composition. — C'est cette deuxième carte du florentin Ottavio Pisani qui est mentionnée dans le *Discours sur la carte universelle en laquelle le Globe terrestre est entièrement réduit et représenté dans un seul cercle sans aucune division de ses parties; où il est traicté des défauts de toutes les autres cartes universelles, des advantages que celle-cy a sur elles, et enfin respondu aux objections que l'on peut faire contre cette nouvelle manière de figurer le Globe; par* Louis de MAYERNE TURQUET, parisien, professeur en géographie; Paris 1648, in-18; pp. 43 à 51. Mayerne avait employé la même projection sous l'aspect polaire septentrional, en comprenant aussi l'hémisphère postérieur dans une zone annulaire circonscrite à l'équateur. — C'est dans les mêmes conditions que se trouve construit à plus grande échelle (26 centimètres de rayon dans œuvre) un *Planisphère terrestre où sont marquées les longitudes de divers lieux de la terre trouvées par les observations des éclipses des satellites de Jupiter, dressé et présenté à Sa Majesté par* M. de CASSINI, directeur de l'Observatoire royal, Paris 1696 ; une feuille colombier.

renommée, plus ou moins arbitrairement mêlés à l'histoire des projections géographiques.

C'est d'abord l'helvétien Henri Loritz de Glarüs, auteur d'un petit traité de Géographie dans lequel se rencontre une projection à méridiens circulaires équidistants tels que les décrivait Apianus, avec des parallèles rectilignes à intervalles progressivement décroissants comme dans l'Analemme des Grecs : assemblage inconnexe, qui ne mériterait pas d'être mentionné s'il ne se reflétait plus tard en quelque construction analogue. Il y a plus d'intérêt à signaler, dans le petit livre du géographe glaréan, la façon de tracer à plat sur le papier, de manière à pouvoir être multipliée à volonté par la gravure, une projection destinée à s'appliquer après coup sur une monture sphérique (1), pour imiter à peu de frais les globes terrestres artificiels, qu'on avait jusqu'alors dessinés un à un directement sur la sphère même (2) : procédé d'imitation médiocrement exact,

---

(1) Henrici Glareani poetæ laureati de Geographia liber unus, Bâle 1527, 2ᵉ éd. Fribourg 1530, in-4"; voir cap. X, fol. 12 : De parallelorum ac gnomonum ratione, pour la première construction ; et cap. XIX, fol. 23 : De inducenda papyro in globum, pour la seconde.

(2) Anaximandre paraît avoir fabriqué un globe terrestre (voir ci-dessus § I, note 4), dont nous ne savons rien de plus ; Cratès en avait aussi fait un, qui est cité comme un modèle par Strabon (liv. II, chap. v, § 10). Ptolémée dans sa Géographie (liv. I, chapp. xxii et xxiii) en enseigne la construction. — On trouve diverses indications historiques sur les globes dans deux articles de la Monatliche Correspondenz de Zach, cahiers de février et mars 1806, l'un pp. 152 à 185 sur un Erdkugel de Sotzmann, l'autre pp. 286 à 309 sur un Himmelskugel de Bode, gravés et édités par J. G. Franz à Nüremberg. Ils ont été mis à profit par Malte-Brun (Précis de la géographie, tome II,

mais progressvement amélioré depuis, et qui se fonde sur une loi de développement successif des parallèles et des méridiens (3), officiellement appliquée en Angleterre, en ces dernières années, au canevas des cartes géographiques d'une vaste étendue (4).

Vient ensuite le frison Reinier Gemma, élève

---

pp. 86-87), qui comprend parmi les globes, comme l'auteur allemand, le grand planisphère circulaire d'argent exécuté au XIIe siècle par les ordres du roi Roger II de Sicile, et auquel la Géographie arabe de l'Edrysy servait de texte explicatif. — Dans une note *sur un globe trouvé à Laon antérieur à la découverte de l'Amérique*, imprimée dans le *Bulletin de la Société de géographie* (décembre 1860, pp. 398 à 424), j'ai indiqué divers globes du XVe et du XVIe siècles conservés jusqu'à nos jours.

(3) Le procédé de Loritz est décrit d'une manière insuffisante, mais il est facile d'y suppléer ; il se résume à prendre la corde de 30° pour mesure de son arc sur l'équateur, ce qui donne 12 cordes semblables pour le développement rectiligne de l'équateur entier, et 6 cordes pour le développement rectiligne du méridien passant par le milieu de chacune de ces cordes équatoriales ; puis, d'un rayon égal à la longueur de 10 cordes semblables, sont décrits en arcs de cercle les méridiens latéraux de chacun des douze fuseaux, sauf à l'habileté de main du constructeur à corriger ce qu'il y a d'inexact dans un petit excès de courbure vers les pôles. Il n'est rien dit des parallèles, mais évidemment ils devaient être décrits sur chaque fuseau en arcs de cercle passant par les divisions égales des deux méridiens latéraux et du méridien rectiligne moyen, ce qui suppose pour chacun de ces arcs un rayon égal à la cotangente de sa latitude. Bion, dans son *Usage des globes* (liv. III, chap. 1), indique expressément cette mesure précise des rayons de projection des parallèles, et il sait aussi que les méridiens à tracer par des courbes ne doivent pas être des arcs de cercle. Les perfectionnements ultérieurs n'avaient plus à s'exercer que sur les détails matériels d'exécution.

(4) Voir ci-après § XXIX, note 11.

d'Apianus et constructeur d'astrolabes planisphériques très répandus, sur l'usage desquels il avait aussi écrit un livre (5); puis le castillan Jean de Rojas, élève de

(5) GEMMÆ Frisii medici ac mathematici *De Astrolabio catholico liber, quo latissime patentis instrumenti multiplex usus explicatur, et quicquid uspiam rerum mathematicarum tradi possit continetur*, Anvers 1556, in-8°. — L'auteur, né en 1508, était mort à Louvain le 25 mai 1555, avant la publication de son livre, et l'on trouve à la suite de l'index cet avertissement : « Adjecta sunt operi aliquot capita » a Cornelio Gemma, Gemmæ filio, quibus quoscumque ex authoris » intempestiva morte ad instrumenti integritatem usus et axiomata » desyderata sunt, paucis explanantur ». — Sans égard à la spécialité distinctive d'application, faite par Ptolémée, des dénominations de *Planisphère* et d'*Analemme*, Gemma appelle tour à tour Analemme son propre Planisphère stéréographique (le même qu'ont employé Pierre Apianus et Oronce Fine) et l'Analemme véritable de Rojas, que celui-ci par une fantaisie inverse désigne sous le nom de Planisphère. — En parlant de sa projection, GEMMA annote en marge (fol. 9) : « Au- » thor non tam fabricæ hujus instrumenti se repertorem facit quam « usûs multiplicis hactenùs nunquam inventi ». — On peut voir dans les vitrines consacrées aux instruments d'observation dans les galeries du Conservatoire des arts et métiers, deux astrolabes en cuivre, construits dans ce système et sur chacun desquels on lit le nom de l'auteur et la date de construction ; sur l'un (n° F. b. 24-3902) qui n'a pas moins de 17 centimètres de rayon, l'inscription porte : *Gualterus Arsenius Gemmæ Frisii nepos Lovanii fe.* 1567 ; sur l'autre (n° F. b. 25-3907) qui n'a plus que 15 centimètres : *Rennerus Arsenius nepos Gemmæ Frisii Lovanii fecit* 1569 ; ces instruments ont donc été fabriqués dans la propre famille de Gemma. Tout auprès sont classés encore deux disques de cuivre, d'un peu moins de 14 centimètres de rayon, gravés en taille douce et à l'envers comme pour servir à l'impression, sur lesquels on lit, pour l'un (n° F. b. 26-913) : *Astrolabium hemispæricum ad lat.* 75. gr., pour l'autre n° F. b. 27-914) : *Astrolabium hemisphæricum ad lat.* 66. 1/2., et au-dessous, pour tous les deux uniformément : *Odo Malcot invenit. - Ferd. Arssenius sculp.*; ce sont

Gemma, et auteur à son tour d'astrolabes analemmatiques ainsi que d'un traité spécial à ce sujet (6); puis

aussi des projections stéréographiques, dont la gravure, au moins, a été exécutée pareillement dans la famille de Gemma. — Au surplus, le nom de Gemma servait à désigner d'une manière toute spéciale la projection que l'on devait un demi siècle plus tard appeler stéréographique; voir Guidi UBALDI è marchionibus Montis *Planisphœriorum universalium Theorica*, Pesaro 1579, in-4°; lib. I, pp. 3 à 56; MAYERNE TURQUET (*Discours sur la carte universelle*, etc., p. 9), et BION (*L'usage des astrolabes tant universels que particuliers, avec la construction*, Paris 1702, in-12; pp. 3 à 12).

(6) Illustris viri D. Joannis de ROJAS *Commentariorum in Astrolabium quod Planisphærium vocant, libri sex nunc primum in lucem editi*, Paris 1551, in-4°. — Ainsi que je l'ai fait remarquer dans la note précédente, Rojas, comme son maître Gemma, au lieu d'observer la distinction faite par Ptolémée des dénominations spécialisées de *Planisphère* et d'*Analemme*, employe ici le mot Planisphère dans l'acception générale de projection plane de la sphère, au lieu du mot Analemme qui convenait spécialement à sa projection orthographique.
— « Jean de Royas, qui était castillan, (dit MONTUCLA, tome I, p. 580),
» étala aussi de l'habileté en géométrie dans un nouveau planisphère;
» c'est une projection de la sphère sur un plan, qui a retenu son nom,
» et qui a des avantages par-dessus celle de Ptolémée »; et plus loin (p. 624): « Jean de Royas écrivit un traité très ingénieux sur une
» projection particulière de la sphère, qui a retenu son nom; ce traité
» parut à Paris en 1540 (lisez 1551), et a eu presque les honneurs
» du commentaire ». — (Son nom était Rojas, par *jota*, et non Roias ou Royas, comme on l'écrit trop souvent hors d'Espagne; la permutation est fréquente en castillan entre *j* et *x*, et Rojas est l'équivalent moderne de l'ancienne orthographe Roxas, qui se prononçait primitivement, et se prononce encore en Portugal comme notre Rochas). — Don Juan de Rojas le cosmographe nous apprend lui-même dans son livre (p. 61) qu'il habitait le château de Monzon, l'ancien Attacum, vers 41° 1/2 de latitude, dont était gouverneur son père le marquis de Poza. — NAVARRETE (*Bibliotheca moritima española*, Madrid 1851,

encore le piémontais Jacques Gastaldo (7) l'un des précurseurs d'Ortelius, et le cosmographe royal André

gr. in-8°, tome II, p. 293) signale dans la bibliothèque de l'Escorial un astrolabe de métal d'un décimètre de rayon, ayant une alidade sur chaque face, et portant l'inscription *Astr. uni. Joanis de Roxas*. — De même que le nom de Gemma était devenu caractéristique de la projection appelée aujourd'hui stéréographique, le nom de Rojas désignait spécialement, dans l'usage, la projection orthographique, ainsi qu'on le peut voir dans GUID' UBALDI (*ubi suprà*, lib. II, pp. 57 à 95), dans MAYERNE TURQUET (*ubi suprà*, p. 13), et dans BION (*ubi suprà*, pp. 13 à 21).

(7) Jacques Gastaldo, peut-être de la famille génoise des Gastaldi, était établi à Venise, où il publia, à la suite de l'édition in-8° italienne de Ptolémée faite sur les éditions latines de Sébastien Munster par le siennois Pierre-André Mattiolo, une collection de 34 petites cartes modernes entremêlées aux 27 cartes anciennes du géographe grec, et les dédia à Léon Strozzi prieur de Capoue, sous la date du 2 janvier 1548. (C'est la date de l'édition Ptoléméenne de Mattiolo, transformée en 1543 par une faute d'impression dans ZURLA, *Appendice sulle antiche mappe idro-geografiche lavorate in Venezia*, § 31, à la suite de son livre *Di Marco Polo, etc.*, t. II, p. 368, ce qui a conduit LELEWEL, *Géographie du moyen âge*, t. II, p. 208, à faire figurer en double emploi une prétendue édition de 1543 dans la liste de celles de Ptolémée). Parmi ces cartes, les deux dernières sont générales : l'une intitulée *Universale novo* est une mappemonde sur la projection ovale d'Apian et de Cabot; l'autre est une carte marine plate projetée sur la rose des vents. — Gastaldo a également publié une grande mappemonde elliptique en deux feuilles de format Jésus, sous ce titre : *Universalis exactissima atque non recens modo verum et recentioribus nominibus totius orbis insignita descriptio : quo nomine studiosis omnibus non tam utilis quam maximè necessaria, per Jacobum Castaldum Pedemont. Apud Venetos ; Prostant Antuerpiæ apud Gerardum de Jode in Borsa nova*, sans date (Bibl. imp. fonds Saint-Victor, Portef. 112, n° 380). — Nous ne parlons pas des nombreuses cartes particulières dont Ortelius a cité et quelquefois reproduit les plus remarquables.

Thevet (8), et enfin le docteur en théologie Jacques Sévert, de Beaujeu, qui a composé un volume in-folio tout exprès sur les principes, la construction et l'usage des mappemondes (9), œuvre des plus médiocres en vérité pour n'en rien dire de pis, mais où l'on rencontre du moins une sorte de récapitulation sommaire des divers modes de projection qui avaient cours à cette époque. C'est là qu'après le "type postellien" se succèdent à la file

(8) Le cordelier André Thevet, d'Angoulême, mort à Paris en 1590 à l'âge de 88 ans, a été décrié pour sa crédulité, peut-être outre mesure; il a publié, entre autres ouvrages, une *Cosmographie universelle*, Paris 1575, 2 vol. in-f°, ornée de grandes cartes, entre lesquelles ne s'est pas rencontrée, dans les exemplaires que j'ai pu examiner, la mappemonde en deux hémisphères que nous verrons tout à l'heure citée comme type spécial par Jacques Severt, et qui, dans tous les cas, avait été précédée par une mappemonde de semblable projection en deux hémisphères de 36 centimètres de rayon, *cum privilegio Pontificis et Senatus Veneti* Michaelis Tramezini *formis*, *M. D. LIIII* (*Julius de Musis Venet. in æs incidit, M. D. LIIII*), et encore par celle que Jérôme Ruscelli avait donnée dans de beaucoup moindres dimensions sous le titre de *Tavola universal nuova* dans sa version italienne de la Géographie de Ptolémée, publiée à Venise en 1561, et reproduite en 1574.

(9) J'ai déjà eu lieu (§ XVI, note 3) de citer ce livre, dont voici le titre entier: *De orbis catoptrici seu mapparum mundi principiis, descriptione ac usu libri tres; opus cosmographicorum hujusmodi planisphæriorum gratiâ recens in lucem editum: discrepantibus atque pluribus præceptis quàm quis de Globi praxi tradiderit institutum: literatis festivissimum: et cujus usus faciliori operâ ex* Guilelmi Postelli *Mappa quàm ex reliquis elicitur. Editio secunda, authore primum, deinde recognitore* Jacobo Severtio *Belli-jocensi, sacræ theologiæ doctore Parisiensi*; Paris 1598, in-f°. — C'est au livre second, pp. 97 à 108, que se trouvent figurées les projections de Postel, Thevet, Gastaldo, Gemma, et Mercator.

celui de la carte de Thevet et celui de la carte de Gastaldo, qui ne sont autres que la projection des deux hémisphères, séparés chez l'un, confondus en une seule figure chez l'autre, avec parallèles rectilignes et méridiens semi-circulaires uniformément équidistants comme les avait indiqués Apianus ; ensuite le type de la carte de Gemma, reproduction du canevas employé aussi par Apianus après Bernard de Sylva, et dont l'origine remonte à la projection homéotère de Ptolémée. Le nom de Mercator du moins n'a pas été, comme les autres, évincé par quelque usurpateur plus en vogue ; mais quel type, bon Dieu, lui est attribué par le malencontreux écrivain ! rien autre chose que la carte plate ! Hâtons-nous de fermer un livre qui contient de telles énormités, et entrons en plein sans plus tarder dans le XVIIe siècle.

XVIII.

Ici se présente au premier rang un docte jésuite belge, François d'Aguillon, qui n'a point inventé de nouvelles constructions graphiques, mais qui a nettement décrit les deux principales projections perspectives et leur a imposé les dénominations qu'elles conservent définitivement aujourd'hui (1) : pour l'Analemme, ou astrolabe de Rojas, il n'eut qu'à emprunter à Vitruve l'appellation d'orthographique (2) ; mais pour le

(1) Francisci Aguilonii è Soc. Jesu *Opticorum libri sex, philosophis juxtà ac mathematicis utiles.* Anvers 1613. in-f°; lib. VI : *De Projectionibus*, pp. 453 à 636.

(2) M. Vitruvii Pollionis *De Architectura libri decem*, lib. I, cap. II, § 2 : « Orthographia autem est erecta frontis imago ».

Planisphère, ou astrolabe de Gemma, il lui fallut créer celle de stéréographique (3). On pourrait même remarquer en outre que celle de scénographique (4), dont il n'a point fait d'application directe à la géogra-

(3) Aguilonii *Opticorum* lib. VI p. 498 : « Tria itaque esse di-
» cimus projectionum genera absolutè prolata. Primum quod et *ortho-*
» *graphice* nuncupatur, ex infinita oculi distantia. Secundum ex con-
» tactu, quod et *stereographice* non incongruè poterit appellari, quare
» ut ea vox in usum venire liberè possit dum alia melior non occurrit,
» Lector, veniam dabis. Tertium quod *scenographice* vulgo nominatur,
» ex justo oculi intervallo ». — Idem, *ibidem*, p. 572 : « Expositis
» hactenùs iis quæ ad orthographicen pertinent, stereographicen alte-
» rum projectionum genus aggredimur, quæ non modo summam cor-
» poris superficiem aspectui objectam in planum transfundit, uti or-
» thographice et scenographice : verùm etiam soliditatem ipsam, ac
» totius corporis ambitum ità distinctè planum facit, ut nullæ omninò
» partes, præter eam cui oculus incumbit, plano exceptæ, sibi mutuò
» incidant, quod vitium reliquis duobus projectionum generibus ma-
» nifestè accidit. Quare tametsi *stereographices* nomine nusquam
» vocatum hoc projectionis genus reperimus ; quià tamen nec alio
» quidem ullo solitum est appellari, placuit hoc nomen usurpare, quod
» nobis in præsenti visum est ad rem ipsam quàm maximè accom-
» modatum. A superiore projectione toto genere distat stereographice :
» hæc enim ex contactu, illa verò ex infinita oculi distantia originem
» habet. » — Le nom proposé était-il aussi convenable que se le per-
suadait l'auteur? On pourrait le contester ; et puisque ce n'est pas la
solidité de la sphère, mais sa concavité qui est ainsi représentée, peut-
être ce genre de projection eût-il été plus justement appelé *cœlogra-*
phique ou *cœloscopique* ; mais qu'importe en définitive? Le mot a été
généralement adopté, et l'application n'en est aujourd'hui équivoque
pour personne.

(4) Vitruve, *ubi suprà* : « Item scenographia est frontis et laterum
» abscedentium adumbratio, ad circinique centrum omnium linearum
» responsus ». — Voir la définition de D'Aguillon au commencement
de la note précédente.

phie, pourrait servir à désigner commodément la projection spéciale qui semble remonter à Eratosthènes(5), mais qui demeure reléguée dans un profond oubli.

Après le père d'Aguillon, nous trouvons sur notre route le père Georges Fournier, de Caen, dont le gros volume d'Hydrographie contient tant de bonnes choses (6). Il y passe en revue les diverses projections connues de son temps : les cartes plates antérieures à Ptolémée (7), et les cartes réduites dont la pratique a été enseignée aux marins de France par le dieppois Le Vasseur (8); les projections stéréographique et orthographique, employées par Ptolémée, Apian, Gemma, Rojas et autres (9); le monde entier en une seule figure

---

(5) Voir ci-dessus § V, le dernier alinéa.

(6) *Hydrographie, contenant la théorie et la pratique de toutes les parties de la navigation, composée par le Père* Georges Fournier, *de la Comp. de Jésus,* Paris 1643, 2ᵉ édition 1667, in-fol.; liv. XIV, Des Cartes, pp. 504 à 528. — Tout n'est pas irréprochable dans ce gros volume, mais il renferme beaucoup de choses qu'on ne rencontre point ailleurs.

(7) Fournier, liv. XIV, chapp. III et IV, pp. 505, 506. — Voir ci-dessus §§ V et VII.

(8) Fournier, *ibidem*, p. 506 : « La 3ᵉ espèce est de certaines cartes » réduites, dont un nommé Le Vasseur natif de Diepe a enseignée la » pratique à nos François...... nos matelots s'y sont tellement affec- » tionnez, que les mieux entendus ne se servent point d'autres ». — Idem, *ibidem*, chapp. XIX à XXI, pp. 515 à 517. — Voir ci-dessus § XV.

(9) Fournier, *ibidem*, chap. XXIV, pp. 520-521, pour la projection stéréographique polaire, au sujet de laquelle il cite Ptolémée, Apian, Stœffler, Postel, Severt et Bertz; — chap. XXV, pp. 521-522, pour la projection stéréographique équatoriale, au sujet de laquelle il cite Arzaël (el-Zarqyêl), Gemma, Gérard Mercator; — chap. XXVI, p. 522,

tel que l'a représenté Ortélius (10), ou bien en deux hémisphères, ce qui lui semble plus commode (11); plus loin il recommande en particulier le choix de ce système pour une carte générale de l'Afrique. Mais pour tracer une carte « la mieux proportionnée qu'on puisse », il a deux procédés, offrant tous les deux des méridiens équidistants figurés par des ellipses (12); quant aux parallèles, ils peuvent être dessinés ou en arcs de cercle passant à la fois par les divisions respectivement égales des méridiens extrêmes et du méridien moyen, ou bien en lignes droites tirées par les divisions homologues des méridiens extrêmes : ce sont là des nouveautés, qui semblent proposées comme telles, et dont nous ne trouvons nulle part un usage effectif (13). La projection homéotère de Ptolémée, et sa

pour la projection orthographique polaire, au sujet de laquelle il n'a point d'auteur à citer; — enfin chap. xxvii, pp. 522-523, pour la projection orthographique équatoriale, qui est la même que celle de l'Astrolabe de Rojas. — Voir ci-dessus §§ VI, XIII et XVII.

(10) FOURNIER, *ibidem*, chap. xxviii, pp. 523-524. — Voir ci-dessus § XIV.

(11) FOURNIER, *ibidem*, chap. xxix, p. 524. — Voir ci-dessus § XVII, note 8.

(12) FOURNIER, *ibidem*, chap. xxx, p. 524.

(13) En comparant ces deux procédés à ceux qui se sont ultérieurement produits, nous rencontrerons certaines analogies, mais point de similitude complète; dans le premier se trouvent réunis les méridiens de la projection homalographique avec les parallèles de la projection globulaire : l'aspect général se rapproche de la projection globulaire (à cela près que dans celle-ci les méridiens sont des arcs de cercle), et de la projection de Schmidt (à cela près que les parallèles de celle-ci sont des courbes plus voisines de la conchoïde que du cercle), et encore des projections de La Hire ou de Parent (à cela près

projection cônique, ont ensuite leur tour (14); puis la projection polaire à parallèles équidistants que nous avons déjà vu employée par Guillaume Postel (15); enfin la projection rectiligne à méridiens convergents, que nous savons avoir été introduite au xiv° siècle dans la Géographie de Ptolémée, à la place de ses cartes plates de détail (16).

A la suite du père Fournier vient le hollandais Bernard Varen, celui-là même à qui advint un jour l'honneur insigne d'être commenté par l'illustre Newton (17).

qu'en celles-ci l'équidistance des méridiens n'est pas absolument complète, et que les méridiens et les parallèles sont elliptiques). Dans la seconde hypothèse se trouvent réunis les méridiens de la projection homalographique avec les parallèles de la projection orthographique, ce qui ne lui laisse de ressemblance approchée ni avec l'une ni avec l'autre : elle rappelle davantage celle de Loritz (ci-dessus § XVII).

(14) FOURNIER, *ibidem*, chapp. xxxi à xxxiii, pp. 525 à 528; on doit remarquer cependant qu'au lieu des cinq points marqués par Ptolémée sur autant de parallèles pour déterminer la courbure de chaque méridien dans sa projection homéotère, Fournier se contente de trois points pris sur les deux parallèles extrêmes et le parallèle moyen, et substitue ainsi dans le tracé des méridiens des arcs de cercle aux courbes mécaniques qui résultent du procédé de Ptolémée. — Voir ci-dessus § VIII, notes 2 et 3.

(15) FOURNIER, *ibidem*, chap. xxxiv, p. 528. — Voir ci-dessus § XVI, notes 1 et 2, et la seconde moitié de la note 6.

(16) FOURNIER, *ibidem*, chap. xxxv, p. 528. — Voir ci-dessus § XII, le deuxième alinéa.

(17) Bernardi VARENII med. D. *Geographia generalis, in qua affectiones generales Telluris explicantur, summâ curâ quàm plurimis locis emendata, et xxxiij schematibus novis æri incisis una cum tabb. aliquot quæ desiderabantur aucta et illustrata ab* Isaaco NEWTON, *math. prof. Lucasiano apud Cantabrigenses.* Cambridge 1672, 4° édition

Il décrit avec plus ou moins d'étendue, et dans un ordre dont il est difficile de saisir l'enchaînement, les projections stéréographique (18), centrale (19), orthographique (20), celles des cartes plates (21) et des cartes réduites (22), et la projection homéotère de Ptolémée (23); puis, en ce qui concerne les cartes parti-

---

Jena 1693, in-8°; lib. III, cap. xxxii, Propositio vj : *Mappas geographicas componere*, pp. 754 à 799. — L'édition originale de Varen est d'Amsterdam 1650; la révision de Newton ne paraît avoir rien ajouté au texte primitif en ce qui est relatif aux projections.

(18) VAREN, *ubi suprà*, pp. 762 à 771 : *Modus primus, oculo constituto in axe, facilis.* — pp. 771 à 777 : *Modus secundus, oculo constituto in plano æqualoris.* — pp. 788 à 791 : *Modus octavus, quo quilibet datus in tellure locus centrum sive medium mappæ locum accipit.* — Voilà, sous les n°s 1, 2 et 8, la projection stéréographique sous les trois aspects polaire, équatorial et horizontal; il distingue, dans le premier cas, la projection restreinte à un seul hémisphère à la fois, et celle qui comprend les deux hémisphères dans le même cercle.

(19) IDEM, *ibidem*, pp. 777 à 784 : *Modus tertius, quartus et quintus, de rectilineis mappis.* — Sous ce titre se trouvent assez singulièrement réunies la projection centrale « juxtà quam meridiani fiunt » lineæ rectæ, sed circuli latitudinis fiunt hyperbolæ », avec la carte plate et la carte réduite.

(20) IDEM, *ibidem*, pp. 784 à 788 : *Modus sextus et septimus.* — Dans ce § sont réunies la projection homéotère de Ptolémée, et la projection orthographique. Dans la première, suivant lui « æquator » et circuli latitudinum fiunt etiam arcus circulorum : meridiani » verò fiunt arcus elliptici »; on peut être surpris que cette inexactitude ait échappé aux corrections de Newton. Nous avons déjà vu (ci-dessus note 14) le P. Fournier prendre de son côté ces méridiens pour des arcs de cercle.

(21) Voir la note 19 ci-dessus.
(22) Voir la note 19 ci-dessus.
(23) Voir la note 20 ci-dessus.

culières (24), nous avons à noter la projection rectiligne à méridiens convergents (25), et la projection rapportée à un centre donné, c'est-à-dire la projection zénitale (26).

XIX.

Alors était en faveur Nicolas Sanson, d'Abbeville, l'ingénieur militaire, le conseiller d'État, le géographe surtout, qui a laissé une œuvre considérable, d'un grand mérite pour le temps, continuée par trois générations de géographes se rattachant à la même souche (1). Ses cartes des diverses parties du monde sont

(24) VAREN, ibidem, pp. 791-792 : *Primus modus tabularum geographicarum particularium*; c'est simplement ici une recommandation, quant aux grandes parties du monde, « instituere delineationem » juxta modos explicatos pro mappis generalibus »; ce n'est donc pas un mode spécial de projection, non plus que le *modus quartus* (pp. 795 à 798), ni le *modus quintus* (pp. 798-799), qui se réfèrent, l'un à la projection stéréographique, l'autre à celles des cartes plates (*gelijk Graden Pas-Caerten*) et des cartes réduites (*wassende Graden Pas-Caerten*).

(25) IDEM, ibidem, pp. 792-793 : *Modus secundus describendi Tabulas particulares*.

(26) IDEM, ibidem, pp. 794-795 : *Modus tertius describendi Tabulas particulares*. — Dans ses moindres proportions, c'est un simple plan à la boussole; dans son extension la plus grande, il devient la carte générale du *modus quartus*, c'est-à-dire la projection stéréographique polaire appliquée par transposition en changeant les mots de pôle en zénit, d'équateur en horizon, de méridiens en verticaux, et de parallèles en almucantarats.

(1) [Didier] ROBERT DE VAUGONDY (*Essai sur l'histoire de la géographie ou sur son origine, ses progrès et son état actuel*, Paris 1755, in-12,

construites suivant une projection dont nous n'avons pas rencontré d'exemples avant lui (2), et qui plus tard est

pp. 217 à 223) a donné un précis de la vie et des travaux de Nicolas Sanson, dont il était lui-même l'arrière-petit-fils ; il le montre tour à tour occupé des fortifications d'Abbeville, de l'inspection des places de la Picardie en 1639, puis de celles de l'Alsace en 1648, appelé au conseil d'État par Louis XIII, et chargé d'enseigner la géographie à Louis XIV ; né en 1600, il commença en 1627 ses premières publications géographiques, qu'il continua avec persévérance pendant quarante ans, jusqu'à sa mort arrivée le 7 juillet 1667. Le nombre en était considérable, et s'accrut ensuite des travaux de ses fils Nicolas, Adrien et Guillaume Sanson, de ses petits-fils Pierre-Moulard Sanson et Gilles Robert de Vaugondy, et de son arrière-petit-fils Didier Robert de Vaugondy, qui avait réuni par succession et par rachat toutes les parties de l'œuvre de son bisaïeul et de ses oncles.

(2) L'Asie, l'Afrique et les deux Amériques, portant la date de 1650, et suivies de cartes de détail où la graduation n'est indiquée que sur le double filet d'encadrement, forment un atlas in-folio de format jésus classé sous le n° 3377 au Département géographique de la Bibliothèque impériale ; l'Europe, sur la même projection, y est aussi comprise, mais elle est l'œuvre spéciale de Nicolas Sanson le fils, celui qui périt en se dévouant pour le chancelier Seguier à la journée des Barricades du 27 août 1648. Les unes et les autres furent reproduites sous un moindre format en 1652 et 1656 avec des textes explicatifs. Le tout fut réédité plusieurs fois dans la suite tant par Adrien et Guillaume Sanson, que par leur neveu Pierre-Moulard Sanson, tant en France qu'en Hollande, et servit de type aux productions ultérieures des Vaugondy. — Je possède une édition d'Amsterdam 1700, où se trouvent réunis sous le titre de « *Description de tout l'Univers en plusieurs cartes et divers traités de Géographie et d'Histoire*, par M*rs* Sanson père et fils », in-4°, les quatre volumes originairement publiés en 1652 et 1656, et conservant respectivement le nom de leurs auteurs, savoir : *l'Europe* en 12 cartes, « par N. Sanson le fils, géographe du Roy » (plus 8 cartes additionnelles sans nom d'auteur); puis *l'Asie* en 16 cartes « par le S*r* Sanson d'Abbeville

devenue célèbre sous un nom autre que le sien (3) : elle offre au premier aspect une grande analogie avec celle d'Apianus à parallèles rectilignes et méridiens semi-circulaires équidistants (4) ; mais il y a cette différence que le décroissement des longitudes est exactement mesuré sur chaque parallèle à partir du méridien moyen rectiligne, en sorte que tous les méridiens obliques ne sont plus des arcs de cercle, et appartiennent à une courbe d'une autre espèce, que du temps de Pascal, de Wallis et de Leibnitz on appelait simplement ligne des sinus (5), et à laquelle on donne aujourd'hui le nom

géographe ordinaire du Roy » (plus 2 cartes « par N. Sanson le fils ») ; l'*Afrique* en 18 cartes, et l'*Amérique* en 15 cartes, également « par N. Sanson d'Abbeville, géogr. ord. du Roy ». — A défaut d'autre indication diacritique, l'adjonction du nom d'*Abbeville* à celui de Sanson peut servir à faire reconnaître les productions originales de Sanson le père dans les recueils ultérieurs où elles se trouvent confondues au milieu de celles de ses enfants et petits-enfants. — La projection sinusoïdale employée dans la série in-4° que nous venons de décrire, se remarque non-seulement sur les cinq cartes générales d'Europe, d'Asie, d'Afrique, et des deux Amériques, mais encore, parmi celles d'Asie, sur une carte de la géographie sacrée, et sur celles de Perse, Mogol, Chine, et Grande Tartarie.

(3) Voir ci-après § XXI.

(4) Voir ci-dessus § XIV, et aussi § XVII note 8, où nous avons cité la grande carte de Michel Tramezini, Venise 1554, et la petite carte de Jérôme Ruscelli, Venise 1561 et 1574, construites dans le système d'Apian.

(5) C'est dans le fameux concours ouvert en juin 1658 par Pascal au sujet de la cycloïde que la courbe des sinus (dont l'équation $y = sin\ v$ est apparentée à celle de la cycloïde $y = v + sin\ v$) attira davantage l'attention ; le jésuite Honoré Fabri publia même à cette occasion un écrit pseudonyme où elle était expressément mise en relief dans le titre : *Opusculum geometricum de Linea Sinuum et Cycloïde*,

barbare, inexact, mais commode, de sinusoïde (6), qu'il nous faut bien dès lors accepter.

XX.

Un savant italien, Jean-Baptiste Nicolosi, de Paternò (l'ancienne Hybla de Sicile, au miel tant vanté), publiait à Rome, à la même époque, une série de grandes cartes des deux hémisphères terrestres et des cinq par-

---

auctore Antimo FARBIO, Rome 1659, in-4°. Les deux Nicolas Sanson l'avaient appliquée plus de dix ans auparavant aux usages de la géographie (pour lesquels il est plus commode d'en écrire l'équation sous la forme $y = \cos \lambda$, où λ exprime l'arc de latitude, et y le parallèle rectiligne correlatif).

(6) Il n'y a pas plus de quarante-cinq années que ce mot s'est introduit dans la langue des mathématiques : il se rencontre dans le *Traité de la géométrie descriptive* de L. L. VALLÉE, Paris 1819, in-4°, p. 43, accompagné d'une note explicative qui constate la nouveauté de l'emploi qui en était fait alors. Il est barbare, en ce qu'il est formé de deux radicaux hétérogènes, dont le premier est une expression latine adoptée au moyen âge pour traduire le mot *gjayb*, choisi par les Arabes pour désigner la demi-corde de l'arc double, inconnue avant eux ; le second radical est le mot grec εἶδος, qui signifie aspect, apparence, et qui fournit habituellement la terminaison d'une classe d'adjectifs, où elle implique ressemblance à l'objet désigné par le premier radical ; et l'assemblage se fait suivant certaines règles euphoniques qu'il serait difficile de retrouver dans *sinusoïde*, où le vocable *sinuso* se présente sous une forme génitive étrange ; voilà pour la composition matérielle du mot. Quant à la signification étymologique, comment trouver que la courbe engendrée par l'emploi des sinus a elle-même la moindre apparence d'un sinus ? — Nous avons donc raison de dire que le mot est barbare et inexact ; mais il a été admis tel quel, il est commode pour éviter une énonciation complexe, et il ne nous reste plus qu'à nous incliner une fois de plus sous l'empire des faits accomplis.

ties du monde (1), suivant une projection jusqu'alors inusitée, mais fort analogue à l'une de celles que recommandait le père Fournier et à laquelle il donnait des

(1) Nicolosi, chapelain titulaire d'une des chapelles de Sainte-Marie-Majeure, à Rome, fort oublié par les historiens de la Géographie, mais réputé par les papes Alexandre VII et Clément IX comme le plus éminent géographe de son temps (Mongitore, *Bibliotheca sicula*, Palerme 1707, in-f°, pp. 332 à 334), était né le 14 octobre 1610 et mourut le 19 janvier 1670. Il avait publié dès 1642, un petit traité de Géographie très court sous le titre de *Teorica del Globo terrestre*; et il avait été chargé en 1652 par la Congrégation de la Propagande d'exécuter une série de dix grandes cartes des contrées lointaines où elle envoyait prêcher l'Évangile : puis il avait peint à l'huile, au palais Borghèse, sur des toiles de dix pieds et demi de haut sur douze pieds de large, cinq cartes des grandes parties du monde, l'Europe, l'Asie, l'Afrique, et les deux Amériques dont il appelait l'une Mexique et l'autre Pérou ; l'idée lui vint alors d'en faire graver des copies réduites (au quart de l'échelle à ce qu'il paraît), il y réunit deux cartes d'ensemble de l'ancien et du nouvel hémisphère sur 20 centimètres de rayon, joignit à cela un volume de texte descriptif, et publia le tout sous le titre un peu bizarre de *Hercole siciliano, studio geografico di Gio-Battista Nicolosi*, Rome 1660, 2 vol. in-f° ; et deux ans après *Guida allo studio geografico.... indrizzata alla perfetta intelligenza dell' Hercole già composto e pubblicato dal medemo*, Rome 1662, in-8° : c'est là qu'au chap. VI (pp. 124 à 140) et principalement au § intitulé *Del modo di spiegare il Globo in due Emisferii* (pp. 126 à 128), il expose son système de projection. Huit ans plus tard il donna à l'impression une édition latine de son grand ouvrage : *Hercules siculus sive Studium geographicum*, auctore Jo-Bapt. Nocolosio, Hyblensi, sacerdote et sacræ theologiæ doctore, Rome 1671, 2 vol. in-f° ; elle ne parut qu'après sa mort par les soins de son neveu, du même nom que lui, qui y inséra une vie de son oncle. C'est cette édition seule que nous avons pu consulter, mais l'édition italienne est citée par Woltersdorff (*Repertorium der Land-und Seekarten*, Vienne 1813, in-8°, p. 104). — Les cartes des deux hémisphères se trouvent, séparément, au dé-

parallèles en arcs de cercle passant par les divisions égales du méridien moyen aussi bien que des méridiens extrêmes, en lui assignant en même temps des méridiens elliptiques (2). Nicolosi se contentait de tracer en arcs de cercle les méridiens comme les parallèles, en les faisant passer tout pareillement par les divisions égales de l'équateur. Cette construction adoptée et préconisée chez nous par le géographe royal Pierre DuVal d'Abbeville (3), de la famille des Sanson, fut bientôt

partement des cartes de la Bibliothèque impériale (fonds de Saint-Victor, portef. 112, n° 368) sous ces titres : *Continentem dudum notam — Continentem noviter detectam — componebat* Joa. Baptista Nicolosius S. T. D.

(2) Voir ci-dessus § XVIII, notes 12 et 13.

(3) Pierre DuVal, né le 19 mai 1619, mort le 29 septembre 1683, était le propre neveu de Nicolas Sanson ainsi que du Père Briet; il eut beaucoup de vogue en son temps, à cause de ses publications en petit format; on a cependant aussi de lui un recueil de cartes grand in-folio, en tête duquel se trouve une mappemonde suivant la même projection que Nicolosi avait employée; le titre en est *Planisphère ou carte générale du monde,* par P. Du Val géographe du Roy, Paris 1676 ; cette date en remplace une autre plus ancienne, ainsi qu'on en peut juger par les traces de correction que la planche avait gardées; mais cette date plus ancienne ne semble pas pouvoir être reportée bien haut, puisqu'on a de DuVal, sous la date de 1660 et même de 1670, des mappemondes suivant la projection stéréographique, avec cette légende : « La manière de représenter le monde en un planisphère est » la plus ordinaire. Elle emprunte quelque chose de l'optique et de la » géométrie. Elle est une imitation du Globe terrestre faite sur le pa- » pier ou en quelque autre surface ». La mappemonde de 1676 offre, à la place, la réclame que voici : « La figure de ce planisphère ap- » proche plus que les autres de celle du Globe terrestre, car tous les » espaces qui y sont sur chaque parallèle entre deux méridiens, sont » égaux, et les espaces qui y sont sur chaque méridien entre deux

répétée par d'autres (4), et elle est fort employée de nos jours.

Elle a, il le faut avouer, l'avantage de tenir le milieu entre les projections stéréographique et orthographique, en évitant leurs défauts opposés de contraction ou d'agrandissement disproportionnés en allant du centre à la circonférence ; mais ce n'est, en définitive, qu'un expédient vulgaire, et les géomètres pensèrent qu'il était préférable d'obtenir un résultat à peu près semblable d'une manière plus correcte : Philippe de la Hire (5) exposa à l'Académie des sciences que le but

---

» parallèles sont pareillement égaux ». Or il est curieux de remarquer cette même phrase répétée mot pour mot en 1710 par BION sur une mappemonde toute semblable en apparence, jointe à la troisième édition de son livre de *L'usage des Globes et des Sphères*, et qui est déclarée sur le titre dressée *suivant la projection de M. de la Hire de l'Académie Royale des Sciences*, alors que ce livre même porte l'approbation du censeur royal, qui est précisément l'académicien La Hire. — DuVal eut pour élève son beau-frère qui entra en religion sous le nom de Placide de Sainte-Hélène, augustin déchaussé, et lui succéda comme géographe du Roy ; c'est par erreur que HAUBER (*Versuch einer umständlichen Historie der Land-Charten*, Ulm 1724, in-8°, p. 14) et Gottfried GIERSCH (*Tentaminis geographiæ generalis... specimen*, Leipzig 1735, in-8°, p. 224) donnent au Père Placide le nom de DUVAL et le supposent fils de ce géographe.

(4) *Carte générale contenant les mondes, cœleste, terrestre et civile*, par le Sr. JAUGEON, avec priv. 1688 ; 3 feuilles jésus ; deux hémisphères de 16 centimètres de rayon. — *Mappemonde ou carte générale de la Terre divisée en deux hémisphères suivant la projection la plus commune*, par N. DE FER, Géogr. de Mgr. le Dauphin, Paris 1700 ; une feuille jésus ; 16 centimètres de rayon.

(5) *Histoire de l'Académie royale des sciences, année MDCCI, avec les Mémoires de mathématique et de physique pour la même année*, Paris 1704, in-4° ; pp. 97 à 101 de l'Histoire, et pp. 255 à 260 des Mé-

serait atteint d'une manière très satisfaisante, si le point de vue choisi pour la projection stéréographique était porté en arrière d'une longueur égale au sinus de 45°. Son confrère Antoine Parent (6) calcula que les conditions seraient meilleures si l'éloignement de l'œil était encore quelque peu augmenté, de manière à former avec le demi-axe du cercle de projection une distance égale au côté du triangle équilatéral inscrit. Dans tous les cas, les arcs de cercle devaient

---

moires : *Construction d'un nouvel astrolabe universel*, par M. DE LA HIRE, 3 décembre 1701. — BION, *L'usage des astrolabes tant universels que particuliers, accompagné d'un traité qui en explique la construction par des manières simples et faciles*, Paris 1702, in-8°; chap. I, sect. 3, pp. 21 à 29 : *De la construction d'un astrolabe universel par M. de la Hire, lecteur et professeur royal, et de l'Académie des sciences*. — S. F. LACROIX, *Introduction à la géographie mathématique et critique*, Paris 1811, in-8°. § 76, pp. 107 à 109 ; et dans le *Mémorial du dépôt de la guerre*, 1829, in-4°, tome I, pp. 14-15. — J. T. MAYER, *Anweisung zur Werzeichnung der Charten*, cap. IV, § 79, pp. 565 à 574 : *De la Hire's æquatorial Projection*.

(6) *Histoire de l'Académie royale des sciences, année MDCCII, avec les Mémoires, etc.*, Paris 1704, in-4°; pp. 70 à 72 de l'Histoire : *Sur l'Astrolabe*. — *Essais et recherches de mathématique et de physique*, par M. PARENT, de l'Académie royale des sciences, professeur de mathématique et de physique, Paris 1713, 3 vol. in-12 ; tome II, pp. 613 à 630 : *Détermination des projections cylindriques et sphériques les plus parfaites pour la construction des cartes géographiques*; et pp. 917 à 921 (additions) : LVIIe mémoire : *Sur les projections de la sphère les plus égales qu'il se puisse*. (Lu à l'Académie des sciences le 20 décembre 1702). — *Mémoires de Trévoux*, juillet 1712, in-12 ; pp. 1240 à 1250 : art. CVI. *De la situation de l'œil qui donne les représentations des parties égales de la sphère les plus égales qu'il soit possible, avec la manière de faire des mappemondes et des cartes géographiques sur ce principe, et d'y mesurer toutes sortes de distances*.

faire place à des méridiens et des parallèles elliptiques, et malgré les procédés faciles dont on pouvait disposer pour le tracé matériel des ellipses (7), la routine ne put se résoudre à ce dérangement d'habitudes, et les projections de Parent et de La Hire demeurèrent pour longtemps (8) une théorie fort louable mais sans application effective.

On peut convenir, il est vrai, que dans le dessin sur le papier les différences très réelles qui existent entre la construction expéditive de Nicolosi et les projections plus régulières de La Hire et de Parent, ne sont que difficilement perceptibles pour un œil médiocrement exercé (9); et l'on n'a point à s'étonner dès lors que l'illustre Guillaume Del'Isle n'ait pas dédaigné d'employer l'artifice tout simple du premier, de préférence

(7) Déjà Guid' UBALDO (*Planisphæriorum Theorica*, pp. 104 à 110, et 124 à 128) avait décrit la disposition et l'usage d'une règle à curseurs destinée au tracé des ellipses; l'application en était rappelée par LA HIRE (*ubi suprà*, pp. 258 à 260). Aujourd'hui l'on possède un *compas à ellipses* se prêtant au tracé continu de cette figure avec autant de facilité que l'on obtient du compas ordinaire le tracé continu d'un cercle : cet instrument nouvellement inventé par M. Carmien, mécanicien à Luze (Haute-Saône), a été présenté à l'Académie des sciences par le baron Séguier, dans la séance du 9 mars courant (*Compte rendu des séances*, p. 439) ; la construction en est fondée sur une ingénieuse application de ce principe, que toute ellipse peut être considérée comme la section orthogonale d'un cylindre oblique ayant pour base un cercle dont le diamètre est égal au grand axe de cette ellipse : le style de l'instrument représente la génératrice d'un tel cylindre rencontrant orthogonalement le plan de projection.

(8) Voir ci-après § XXIX.

(9) L'œil le plus exercé lui-même aura presque toujours besoin du secours des instruments pour ne pas être déçu par des illusions optiques.

aux procédés scientifiques des deux académiciens ses confrères (10).

XXI.

Un traité anonyme très répandu, de la Construction des cartes et des globes, publié à Londres vers le même temps (1), consacre un chapitre spécial au même genre de tracé (2), avec cette différence toutefois qu'au lieu de représenter les méridiens par des arcs de cercle, il y substitue les courbes mécaniques résultant de la mc-

---

(10) *Orbis veteribus noti Tabula nova auctore* Guillelmo DE L'ISLE *a regia scientiarum academia et christianissimi Francorum Regis geographo primario*, Paris septembre 1714, une feuille colombier; un seul hémisphère de 23 1/2 centimètres de rayon. — ROBERT DE VAUGONDY, *Institutions géographiques*, Paris 1766, in-8°, pp. 324-325. — MALTE-BRUN, *Précis de la géographie universelle*, tome II, p. 128.

(1) *The construction of Maps and Globes, in two parts: First contains the various ways of projecting Maps, exhibited in fifteen different methods, with their uses; second treats of making divers sorts of Globes, both as to the geometrical and mechanical work; illustrated with eighteen copper plates. To wich is added an appendix wherein the present state of Geography is consider'd*, etc., Londres 1717, in-8°. Cet ouvrage, dédié à Samuel Molyneux secrétaire du prince de Galles, ne donne pas le nom de l'auteur au bas de la dédicace; il est indiqué sous celui de MEAD (sans prénom) dans la *Bibliotheca Britannica* de Robert WATT (*Authors*, tome II, p. 660 y): divers indices peuvent faire penser qu'il avait été rédigé sous l'inspiration, à tout le moins, du Dr Jean HARRIS, « to have been prefix'd as an introduction to two » large volumes of Travels, in-folio », comme il est dit à la fin de la préface; (voir aussi les *Advertisements* après l'errata).

(2) *Construction of Maps and Globes*, Part I, chap. XI: *Another way to project circular Maps, method 8, plate 8*; pp. 73 à 76.

sure effective des degrés de longitude sur chaque parallèle (3). Dans le chapitre suivant il expose un autre mode de projection où les parallèles, empruntés comme dans le cas précédent à la construction de Nicolosi, se combinent avec des méridiens rectilignes tirés du pôle à l'équateur, et se prolongeant au besoin par delà (4). Ce sont pour nous des nouveautés ; mais valent-elles la peine qu'on s'y arrête ?

Nous remarquons en passant, dans le même livre, un autre chapitre consacré à la projection dont les parallèles rectilignes équidistants sont recoupés par des méridiens sinusoïdaux (5); c'est le procédé bien connu de Nicolas Sanson (6); il avait aussi été employé depuis quelques années par un célèbre astronome anglais, le professeur Jean Flamsteed, pour la rédaction d'un Atlas

---

(3) *Ibidem*, pp. 74-75, § 3 : « The meridians are drawn by help of » the table for decreasing longitude..... and laying a ruler to the » responding points in each parallel, draw lines between; which » lines, this way join'd together, will form curv'd or arch'd meri- » dians ».

(4) *Ibidem*, chap. xii : *To draw a Map of a mix'd kind, whose meridians are strait lines, and parallels arches of circles, method 9, plate 9* : pp. 77 à 80 : « It is only to lay a ruler upon the pole, and » draw strait lines to each point of division in the equator, and the » meridians are describ'd..... It is neither usual nor convenient to » represent an hemisphere after this method : but it is often us'd in » exhibiting one of the quarters, and particular kingdoms ».

(5) *Ibidem*, chap. xiii : *To make a projection, wherein the meridians will be curves and parallels strait lines, method 10, plate 10*; pp. 81 à 83 ; § 4 : « The meridians are describ'd by help of the table » of decreasing longitude, as it is already taught in method 8, § 3 » (ci-dessus note 3).

(6) Voir ci-dessus § XIX.

céleste qui n'était point encore publié, et ne le fut que douze ans après (7) ; mais les matériaux en étaient réunis dès l'année 1700, et d'après le récit des éditeurs, Flamsteed aurait alors cherché et « inventé » cette projection (8), qui de fait était usuelle en France depuis un demi-siècle (9) ; et le profane vulgaire, qui entraîne avec lui les savants quand les savants ne se

(7) *Atlas cœlestis by the late Reverend* Mr. John FLAMSTEED, *regius professor of astronomy at Greenwich*, London, printed in the year 1729, gr. in-fol. C'est juste dix ans après la mort de Flamsteed, douze ans après la publication du livre anonyme auquel Watt a appliqué le nom de MEAD.

(8) *Atlas cœlestis*, p. 1 : « The motives that induc'd Mr. Flamsteed » to set about this work, the progress that he made in it during his » life-time, and the methods that he made use of for constructing the » charts, which render them far more useful than any yet extant, » will but appear by the account that he himself has left behind him ; » wherein he tells us, that having about the year 1700 compleated » the calculation of the places of the fixed stars, he set himself to » form maps of the constellations, in which he found it necessary » wholly to depart from Bayer, of whom Hevelius himself complained » — p. 4 : « To remedy which inconveniency, Mr. Flamsteed thought » nothing so necessary as a new method of projection, wherein all the » parallels of declination might be equidistant straight lines, and the » degrees of longitude in every parallel might be everywhere propor- » tional to the sines of their distances to the next pole, and equal in » the same to one another » — « The meridians will become com- » pound curves of the same nature and having the same properties » with that which Dr Wallis in his Treatise *De Cycloïde* calls *curva* » *sinuum* ».

(9) Les cartes de Sanson portent la date de 1650 ; c'est donc exactement un demi-siècle d'antériorité sur l'invention prétendue de Flamsteed, laquelle n'a même été publiée que 79 ans après les cartes du géographe français.

donnent pas la peine de le conduire, le vulgaire ne connut plus cette projection que sous le nom de Flamsteed. Mais ce qui passe toute croyance, c'est que le même nom ait pu refluer, par une aberration qu'aucune épithète restrictive ne saurait excuser (10), sur une autre projection d'un tout autre aspect, d'un tout

---

(10) Admettre que le mot *modifiée* peut suffire à distinguer une projection à parallèles rectilignes d'une projection à parallèles circulaires, c'est faire un abus étrange de ce paradoxe mathématique qu'une ligne droite est un arc de cercle décrit d'un rayon infini. Il y a lieu de remarquer en outre, dans le cas actuel, que l'altération ainsi caractérisée comme simple modification est un changement radical, portant précisément sur la base fondamentale de la projection, puisque les méridiens y sont subordonnés aux parallèles, et non les parallèles aux méridiens. Logiquement, d'ailleurs, on ne peut modifier que ce qui préexiste à la modification, et l'on avouera que sous ce rapport l'aberration est des plus singulières, puisque la projection présentée comme type (sous un nom qu'il faut d'abord effacer pour y substituer celui de Sanson), date, au plus tôt, de 1650, tandis que la prétendue modification remonterait au moins à Ptolémée qui florissait vers l'année 130. — Ces inconnexités nous montrent, une fois de plus, combien il est nécessaire de caractériser chaque espèce de projection par une dénomination qui lui soit exclusivement propre, et de n'y joindre que subsidiairement le nom de l'inventeur ou premier usager connu : nous conservons en ce sens à la plus ancienne des deux constructions dont il s'agit ici, le nom de *projection homéotère de Ptolémée*, et à la plus nouvelle celui de *projection sinusoïdale de Sanson*. — Le capitaine du génie Henri-Casimir-Auguste DE PRÉPETIT FOUCAUT, dans une *Notice sur la construction de nouvelles mappemondes et de nouveaux atlas de géographie*, lithographiée à Arras en 1862, s'est occupé spécialement de la projection de la mappemonde entière dans ce dernier système, en le rattachant à une théorie d'ensemble des projections assujetties à la condition « de représenter en vraie grandeur les contrées terrestres » dans toute l'étendue de la carte. »

autre caractère, et qui était antérieure d'au moins quinze siècles !...

XXII.

Avons-nous à parler (1) d'une projection de Cassini ? Le mode adopté pour le rapprochement des résultats obtenus par la grande triangulation géodésique de la France implique-t-il en effet une projection nouvelle ? — Non certainement. Les orthogonales géodésiques à projeter ne sont point, il est vrai, les méridiens et les parallèles de la géographie usuelle ; mais elles constituent comme eux, sur le terrain, de grands cercles groupés autour d'un diamètre commun, et de petits cercles perpendiculaires à ce diamètre (2) ; et puisque les

(1) Il en est, de fait, beaucoup parlé par tous ceux qui ont écrit sur les projections géographiques depuis que le troisième des Cassini (César-François) commença la célèbre carte de France terminée en 1793 par son fils (Jacques-Dominique), et qui porte le nom de cette illustre famille : véritable plan topographique de tout le royaume, rapporté à la méridienne de l'observatoire de Paris et à sa perpendiculaire. Bornons-nous à citer les mémoires de Cassini lui-même parmi ceux de l'Académie des sciences pour 1745, et sa *Description géométrique de la France*, Paris 1784, in-4° ; puis encore le *Mémoire sur la projection de Cassini*, par L. Puissant, *pour servir de supplément à sa théorie des projections des cartes géographiques*, Paris 1812, in-4°. Voir aussi Lacroix, *Introduction à la géographie mathématique*, § 84, pp. 118 à 120 ; ou dans le *Mémorial du dépôt de la guerre*, tome I, § 16, pp. 20-21.

(2) Il est évident que toutes les perpendiculaires à la méridienne sont des arcs de grands cercles convergeant aux deux pôles du méridien de Paris ; tandis que les parallèles à la méridienne sont nécessairement des arcs de petits cercles ayant pour axe commun la ligne joignant les deux pôles du méridien de Paris.

uns et les autres, sans distinction, sont développés sur le papier en deux séries orthogonales de lignes droites mutuellement parallèles dans chaque série, il demeure évident que cette projection, spécialement caractérisée par le nom de Cassini, ne constitue en définitive que le simple réseau d'une carte plate (3).

XXIII.

Il serait superflu de répéter ici à son rang chronologique le nom de Joseph-Nicolas Del'Isle, puisque nous avons déjà constaté qu'il faut restituer à l'illustre Gérard Mercator la projection conique à double section, choisie par l'astronome français pour " l'Atlas russien " construit sous ses yeux, et de nouveau étudiée par le grand Euler dans les limites de cette application spéciale (1).

Un savant anglais, le révérend Patrice Murdoch, de la Société royale de Londres (2), avait de son côté re-

---

(3) L'intervalle mutuel des perpendiculaires ainsi que des parallèles à la méridienne était réglé à 60 000 toises sur le terrain, représentées sur le papier par 50 pouces. On ne se préoccupa aucunement de la transformation de ces coordonnées orthogonales en méridiens et parallèles de latitude, qui ne furent point indiqués sur la carte.

(1) Voir ci-dessus § XV.

(2) Murdoch, auteur de deux ouvrages qui ont été traduits en français, et de divers mémoires insérés dans les *Philosophical Transactions*, est oublié dans toutes les biographies ; on a seulement la liste de ses écrits dans la *Bibliotheca Britannica* de Watt (*Authors*, tome II, p. 691 *j k*), où l'a puisée Poggendorff (*Biographisch-Literarisches Handwörterbuch zur Geschichte der exacten Wissenschaften*, Leipzig 1860, gr. in-8°, tome II, pp. 240-241) qui n'a pu y ajouter que la

pris la question à un point de vue plus général, et indiqué successivement trois modes de représentation des zônes sphériques terrestres par le développement des zônes équivalentes du cône sécant (3). Il s'était borné d'abord à déterminer l'intervalle des parallèles par la rectification des arcs méridiens interceptés (4); puis il eut la pensée de recourir pour le même objet à l'em-

---

date de son admission dans la Royal Society en 1745, et celle de sa mort le 12 novembre 1774. On peut conjecturer qu'il était en 1750 recteur de la paroisse de Stradishall dans le Suffolk, avec le grade de maître ès arts (M.A.), qu'il remplaça en 1763 par celui de docteur en théologie (D.D.).

(3) *Philosophical Transactions giving some account of the present undertakings, studies and labours of the ingenious in many considerable parts of the world;* vol. L, part II, for the year 1758, Londres 1759, in-4°; pp. 553 à 562: *Of the best form of geographical maps,* by the Rev. Patrick MURDOCH, M.A. F.R.S.; read feb. 9. 1758.

(4) C'est l'unique procédé qui fait l'objet direct du mémoire que nous venons de citer dans la note précédente, et c'est le seul qui soit généralement connu sous le nom de Murdoch. Simplement mentionné par LACROIX dans le *Mémorial du Dépôt de la guerre* (tome I, p. 16) et par PUISSANT, *Traité de topographie, d'arpentage et de nivellement,* (Paris 1807, in-4°, p. 136), il est sommairement exposé par le premier dans son *Introduction à la géographie mathématique* (pp. 111-112), et avec plus de développement par J. T. MAYER (*Anweisung zur Werzeichnung der Charten,* cap. III, §§ 38, 39; pp. 315 à 333), et par ALBERS (dans la *Monatliche Correspondenz* de ZACH, février 1805, pp. 100 à 114, et mars, pp. 240-241), qui y a lui-même apporté une notable amélioration (*ibidem*, novembre 1805, pp. 450 à 459: *Beschreibung einer neuen Kegelprojection* von H. C. ALBERS) en procurant à toutes les parties du développement l'équivalence proportionnelle que Murdoch se bornait à obtenir pour l'ensemble; et C. G. REICHARD a construit dans ces conditions sa carte générale d'*Europa* (Nüremberg 1817, une feuille grand aigle: *in Albersscher*

ploi des sécantes de latitude (5), soit en assujettissant à cette loi toute la série des parallèles (6), soit en la restreignant aux seuls parallèles extrêmes, afin de conserver l'équidistance des parallèles intermédiaires (7).

De ces trois différents procédés, le deuxième seul offrait une nouveauté digne d'une sérieuse attention : il introduisait, il est vrai, dans la mesure des latitudes, une progression croissante analogue à celle qui affectait déjà le module des longitudes entre le milieu et les bords du canevas (8); mais par là précisément se trou-

Projection). — Malte-Brun (*Précis de la géographie universelle*, tome II, pp. 112 à 114) et Raupach (*Die Theorie der geographischen Netze*, §§ 28 à 31, pp. 57 à 63) ont exposé à leur tour, d'après Albers, la projection primitive de Murdoch et le perfectionnement dû à son commentateur.

(5) Ces nouvelles vues sont simplement indiquées dans des *Addenda to Mr. Murdoch's paper*, formant tout juste une demi-page dans les *Philosophical Transactions* (*ubi suprà*, p. 568) à la suite d'une dissertation de Mountaine lue à la Société Royale de Londres le 6 avril 1758, et qui contenait, au sujet de la projection primitive de Murdoch, une observation à laquelle celui-ci répond occasionnellement quelques mots : ces *Addenda* sont donc postérieurs de deux mois à la première communication. — Malte-Brun (*ubi suprà*, pp. 113-114) a indiqué ces deux nouvelles projections d'après Albers.

(6) Dans le mémoire *Ueber* Murdoch's *drey Kegelprojectionen von* H. C. Albers (inséré dans la *Monatliche Correspondenz* de Zach, février 1805, pp. 97 à 114, et mars, pp. 240 à 250), l'auteur a spécialement consacré à la seconde projection le § 7 : *Darstellung der zweyten Murdoch'schen Projection* (pp. 242 à 244), et le § 8 : *Vortheile dieser zweyten Murdoch'schen Projection* (pp. 245 à 247).

(7) Albers, *ubi suprà*, pp. 248 à 250, § 9 : *Darstellung der dritten Murdoch'schen Projection*.

(8) Il est évident que le module des longitudes ne conserve son exactitude originaire, dans le développement du cône, que sur les

vait rétablie sur tous les points la proportion mutuelle des deux coordonnées, et c'est un avantage que la projection stéréographique et celle de Mercator avaient jusqu'alors exclusivement possédée.

Murdoch n'avait fait qu'indiquer en quelques mots cette variante remarquable de la projection cônique ; mais elle fut ultérieurement examinée de plus près par le docteur Henri-Chrétien Albers, de Lünebourg (9), et mise en pratique par le fameux astronome Harding, sur une série de huit feuilles de son Atlas céleste (10) ; l'illustre Gauss la fit, pour sa part, entrer dans les applications de sa formule générale des projections assujetties à la condition de conserver dans leurs parcelles

cercles d'osculation ou de pénétration ; qu'il y a amoindrissement dans leur intervalle, et agrandissement vers le sommet comme vers la base ; d'où il résulte, dans la première et la troisième construction de Murdoch, où l'équidistance des parallèles est conservée, une déformation des configurations terrestres, par retrécissement dans la zône moyenne et par élargissement dans les zônes supérieure et inférieure ; tandis que la balance est rétablie entre les longueurs et les largeurs dans la seconde projection.

(9) Voir ci-dessus, note 6.

(10) Charles Louis HARDING, rendu célèbre par la découverte qu'il fit en 1803 de la petite planète Junon, s'occupait dès cette époque de la rédaction de son atlas céleste, qui parut par livraisons, à Göttingue, de 1808 à 1822, en 27 planches de format colombier, dont il a été fait une nouvelle édition à Halle en 1856 par les soins du Dr G. A. Jahn, sous ce titre : *Atlas novus cœlestis* xxvii *tabulis continens stellas inter Polum borealem et trigesimum gradum declinationis australis adhuc observatas, auctore* Carolo Ludovico HARDING. — Les planches XIX à XXVI représentant la zône céleste comprise entre 28° ou 30° de déclinaison boréale d'une part, et 64° d'autre part, sont projetées suivant le développement cônique à latitudes variables de Murdoch.

élémentaires la similitude des configurations terrestres, objet d'un célèbre mémoire couronné en 1822 par l'Académie des sciences de Copenhague (11); et la Société de géographie de Saint-Pétersbourg l'a choisie, en lui attribuant la dénomination de "projection de Gauss", pour la belle carte de la Russie européenne en douze feuilles qu'elle vient de publier (12): mais nous ne devons pas oublier, nous dont le but spécial est de rendre à chacun ce qui lui est dû, que cette projection

(11) *Allgemeine Auflösung der Aufgabe: die Theile einer gegebenen Fläche auf einer andern gegebenen Fläche so abzugebilden, dass die Abbildung dem Abgebildeten in den kleinsten Theilen ähnlich wird*, von C. F. Gauss; als *Beantwortung der von der königlichen Societät der Wissenschaften in Copenhagen für* 1822 *aufgegebnen Preisfrage*; un cahier de 30 pages compris dans les *Astronomische Abhandlungen herausgegeben von* H. C. Schumacher; drittes Heft, Altona 1825, in-4°; voir spécialement pp. 14 à 17, § 9 : « Wir wollen nun (als » zweites Beispiel) die Darstellung der Fläche eines gerade Kegels in » der Ebne betrachten..... Die Blätter von Herrn Professor Hardings » Sternkarten Nr. 19-26 sind nach dieser Projection gezeichnet ».

(12) *Karta Evropeiskoi Rossia i Kavkazskago kraïa, sostalennaïa po noviêischim sviêdenûam pri voenno-topographitcheskoi Depo, i zdannaïa imperatorskim russkim geographitcheskim Obschtchevom* 1862 *goda.* — Voir dans le *Bulletin de la Société de géographie*, août 1862, pp. 185 à 191, une lettre de M. Nicolas de Khanikof *Sur la nouvelle carte de l'empire de Russie publiée par la Société impériale géographique de Saint-Pétersbourg*, ainsi que les *Observations* placées à la suite (pp. 191 à 196), et qui doivent être modifiées en ce qui concerne la priorité qui y est attribuée à Del'Isle l'astronome, puisque nous avons reconnu que celui-ci avait été devancé de près d'un siècle par Gérard Mercator dans le développement du cône sur deux cercles d'osculation (voir ci-dessus § XV, dernier alinéa), et que d'un autre côté c'est bien à Murdoch qu'appartient, comme nous venons de le dire, le caractère spécial des latitudes variables.

n'appartient pas plus à Gauss que celle des cartes réduites n'appartient à Édouard Wright (13).

Enfin, en dernier lieu, un savant qui continue glorieusement l'illustration paternelle, sir John Herschel, reprenant le problème de Gauss dans des conditions de généralité moins absolue (14), l'a résolu par une formule dont il a fait une application spéciale au développement cônique à latitudes variables de Murdoch, en comprenant dans les esquisses qu'il en a tracées le monde connu tout entier (15), ainsi que le faisait il y a 350 ans l'allemand Ruysch sur la projection cônique vulgaire (16).

(13) Voir ci-dessus § XV, note 4.

(14) *On a new Projection of the Sphere, by* sir J. F. W. HERSCHEL, Bart., K.H., D.C.L., F.R.S., etc., etc., *communicated by* sir R. I. MURCHISON, Pres. R. G. S., etc. etc., *read* april 11, 1859 (dans The Journal of the Royal geographical Society, *volume the thirtieth, edited by* Dr NORTON SHAW, Londres 1860, in-8°; pp. 100 à 106, avec deux cartes). L'auteur a ainsi défini lui-même l'objet de son travail : « In-» vestigation of the conditions under which a spherical surface can be » projected on a plane, so that the representation of any small portion » of the surface shall be similar in form to the original » ; le problème de Gauss étant la projection d'une *surface quelconque* sur une autre *surface quelconque*, celui de Herschel, qui se borne à la projection d'une *surface sphérique* sur une *surface plane*, est sans doute beaucoup moins général dans la spéculation, mais il en reproduit les cas réellement pratiques.

(15) Dans l'une de ses cartes (celle qui est désignée par la lettre A), la surface développée du cône est représentée par un secteur dont l'amplitude ne dépasse pas 120°; dans l'autre (B), le secteur devient un demi-cercle.

(16) Voir ci-dessus § XII, note 9. — La carte de Ruysch est un développement cônique à parallèles équidistants, en un secteur de 220° d'amplitude, et 275 millimètres de rayon.

XXIV.

Au moment où Murdoch consignait dans les Transactions philosophiques l'aperçu de ses théories, un de ses confrères, William Mountaine, adressait à la Société royale de Londres une courte dissertation sur les cartes géographiques, qu'il classait en deux grandes catégories, d'une part les cartes globulaires ou curvilignes, de l'autre les cartes rectilignes (1). Quarante ans après, un artiste en renom, Aaron Arrowsmith, auteur de deux vastes mappemondes, dont il avait publié la première sur la projection de Mercator (2), fit paraître en second lieu celle qu'il avait dressée, ainsi qu'il l'énonçait dans le titre, sur une projection globulaire (3) : or entre les diverses projections de cette ca-

---

(1) *A short dissertation on Maps and Charts : in a letter to the Rev.* Thomas Birch, *D. D. and Secret. R. S., by* Mr Wm. Mountaine, F. R. S., London March 21, 1758; read april 6, 1758 (dans les *Philosophical Transactions*, vol. L, Part. II, pp. 563 à 568) : « Maps and » Charts..... are either globular, or rectilinear. Globular (or curvi- » linear) are either general, or particular. General are the hemi- » sphere; for the most part constructed stereographically. »

(2) *Chart of the World on Mercator's Projection, exhibiting all the new discoveries to the present time, with the tracks of the most distinguished navigators since the year* 1700, *carefully collected from the best charts, maps, voyages, etc. exstant, and regulated from the accurate astronomical observations made in three voyages performed under the command of capt. James Cook in the years* 1768-80; *compiled and published by* A. Arrowsmith, *geographer,* Londres 1er avril 1790; huit feuilles, produisant ensemble une surface de 201 centimètres de long sur 124 centimètres de haut, dans œuvre.

(3) *Map of the World on a globular projection, exhibiting particu-*

tégorie, il avait intentionnellement choisi celle de La Hire (4), mais il avait, de fait, exécuté celle que Guillaume Del'Isle avait empruntée à Pierre DuVal (5),

larly the nautical researches of capt. James Cook, F. R. S., with all the recent discoveries to the present time, carefully drawn by A. Arrowsmith, Londres 1er janvier 1794 ; quatre feuilles offrant les deux hémisphères à 46 centimètres de rayon, dans œuvre.

(4) A. Arrowsmith, *A companion to a Map of the World*, Londres 1794, in-4° ; p. 2 : « Different projections..... which represent the » poles ad the top and bottom of the map.... are called the stereogra- » phic, orthographic, and globular projections..... The stereographic » ..... is liable to the great error of distorting the form of the coun- » tries represented upon it much more than is necessary ». — p. 3 : « This being observed by that excellent astronomer, M. de La Hire, he » invented a remedy fort the inconvenience..... The delineation of the » earth and sea upon this projection, which, as coming the nearest » to a true representation of the globe, is called the globular projec- » tion : it is equal to the stereographic in point of facility , and » vastly superior to it in point of truth ». — p. 5 : « I now offer to » the public a map constructed upon a globular projection, etc. »

(5) Arrowsmith, *ubi suprà*, pp. 3, 4 : « *Geometrical construction of* » *the globular projection*..... Next, to draw the meridians,.... we have » given the two poles.... and the point.... in the equator....; describe » a circle to pass through the three given points..... The parallels of » latitude are drawn in the same manner ». — Il est évident qu'Arrowsmith ne s'est pas douté le moins du monde que c'était des portions d'ellipses et non des arcs de cercle qu'exigeait la projection de La Hire ; mais sur la foi de son annonce, et sans plus ample informé, on réputait sa mappemonde construite suivant la projection de La Hire, ainsi qu'on le peut voir dans Mayer (*Anweisung zur Verzeichnung der Charten*, cap. iv, § 79, p. 574), dans Raupach (*Die Theorie der geographischen Netze*, pp. 96 et 101), et dans Hermann Berghaus (*Entwurfsarten für Planigloben*, dans les *Mittheilungen* de Petermann, février 1858, p. 65). Toutefois, Lacroix (*Introduction*, § 79, p. 114) ne s'était pas laissé tromper par l'étiquette.

et que celui-ci devait lui-même avoir apprise du sicilien Nicolosi (6), à moins qu'il n'en eût directement puisé l'idée dans l'esquisse analogue du père Fournier (7), ou peut-être dans la carte de Postel, qui présente sous l'aspect polaire la même loi de projection (8). Le vulgaire, superficiel en ses appréciations, s'imagina que c'était une projection toute nouvelle, que l'auteur en était Arrowsmith, que l'appellation de globulaire en était sans conteste la désignation spécifique, et désormais c'est la projection de Nicolosi, de Pierre Du Val et de Guillaume Del'Isle qu'on appela caractéristiquement, sans aucun scrupule, projection globulaire, projection anglaise, projection d'Arrowsmith (9). Ce nom de globulaire, ainsi particularisé suivant l'idée du cartographe d'outre-Manche (10), supplée commodément si l'on veut à une désignation précise qui manquait; mais pour le surplus, n'oublions pas que l'an-

(6) Voir ci-dessus § XX, notes 1, 3 et 10.
(7) Voir ci-dessus § XVIII, notes 12 et 13.
(8) Voir ci-dessus § XVI, note 2.
(9) Francœur, *Géodésie.... comprenant.... la construction des cartes*, Paris 1835, in-8°, p. 296, § 330 : *Projection anglaise*. — E. Cortambert, *Éléments de cosmographie*, Paris 1851, 2ᵉ édition 1859, n-12; pl. 16, fig. 6ᵉ : *projection centrale d'Arrowsmith*. — V. Malte-Brun, *Annales des voyages*, août 1857, p. 132 : *projection globulaire*. — Hermann Berghaus, *ubi suprà*, p. 65 : *Globular-Projektion*. — A. Tissot, *Sur les cartes géographiques*, dans le *Compte rendu de l'Académie des sciences*, du 5 mars 1860, p. 475 : « 6° Le système globulaire ou système anglais. »

(10) Voir la note 4 ci-dessus. — C'est cette même projection, sauf quelques imperceptibles différences, que le Dʳ Nell offrait comme une nouveauté, dans sa thèse d'admission à l'enseignement public à l'uni-

glais Arrowsmith n'est venu que plus d'un siècle après Nicolosi et après DuVal (11), que le premier était italien, et que le second était français, aussi bien que le père Fournier et Guillaume Postel, si l'on voulait faire remonter jusqu'à l'un de ceux-ci le premier germe de cette projection, la plus généralement employée de nos jours pour les mappemondes en deux hémisphères.

XXV.

Français aussi de nom et d'origine était l'illustre géomètre Jean-Henri Lambert, à qui l'intolérance religieuse avait d'avance imposé une autre patrie (1). La construction des cartes géographiques eut sa place dans le vaste ensemble d'études sur lesquelles s'exerça son génie (2) : il précéda Euler, La Grange et Gauss

---

versité de Heidelberg (*Vorschlag zu einer neuen Chartenprojection*, Mayence 1852, in-8°), et la même encore que Steinhauser propose d'appeler *Vermittelnde Projection* (*Mathematische Geographie und Landkartenprojection*, § xi, pp. 104 à 109).

(11) La carte globulaire d'Aaron Arrowsmith est datée de 1794, l'*Orbis vetus* de Guillaume Del'Isle de 1714, le Planisphère de Pierre DuVal de 1676, les cartes de Nicolosi de 1660, enfin le spécimen du père Fournier de 1646.

(1) Lambert, né le 20 août 1728, à Mulhouse en Alsace, mort à Berlin le 25 septembre 1777, appartenait à une famille protestante expatriée par suite de la révocation de l'édit de Nantes.

(2) Au tome III des *Beyträge zum Gebrauche der Mathematik und deren Anwendung* durch J. H. Lambert, Berlin 1772, in-8° (pp. 105 à 199), se trouve un mémoire à ce sujet d'une haute importance, intitulé simplement : *Anmerkungen und Zusätze zur Entwerfung der*

dans la recherche des formules analytiques où se peuvent concentrer les lois générales des projections (3), et l'une des applications qu'il en fit se traduisit en une

Land-und Himmelscharten. Après un coup d'œil général sur les diverses projections usitées, il examine successivement quatre questions principales : 1° la détermination de la distance des lieux (sections I à III, §§ 12 à 46) dans les trois systèmes de projection, stéréographique, centrale, et orthographique ; 2° la théorie générale des projections qui n'altèrent pas la mesure des angles (sections IV à VII, §§ 47 à 92) ; 3° la théorie générale des projections qui n'altèrent pas la grandeur relative des surfaces (sections VIII et IX, §§ 93 à 110), 4° enfin l'influence de la condition de sphéroïdicité du globe terrestre (section X, §§ 111 à 123). — Jean-Tobie MAYER (*Verzeichnung der Charten*, cap. III, §§ 47 à 54, pp. 388 à 427) s'est complu à exposer, avec plus de développement, les applications les plus neuves des Remarques du savant géomètre. RAUPACH (*Geographischen Netze*, §§ 34 à 38, pp. 68 à 82) et STEINHAUSER (*ubi suprà*, § XI, pp. 104 à 109) ne s'occupent que de la plus connue de ses projections, celle qui est spécialement désignée sous le nom de *projection de Lambert*.

(3) L. EULER, *De representatione superficiei sphæricæ super plano* (dans les *Acta Academiæ scientiarum imperialis Petropolitanæ pro anno M. DCC. LXXVII*, pp. 107 à 132). — LA GRANGE, *Sur la construction des cartes géographiques*, et *Suite des Recherches sur la construction des cartes géographiques* (deux mémoires consécutifs, dans les *Nouveaux mémoires de l'Académie royale des sciences et belles-lettres*, année *M. DCC. LXXIX*, Berlin 1781, in-4°; pp. 161 à 210). — GAUSS, *Allgemeine Auflösung*, etc. (voir ci-dessus § XXIII, note 11). — La publication de Lambert est de 1772, et par conséquent antérieure à toutes celles-là. — Occasionnellement je cite pour ordre, comme ayant abordé précédemment l'un des problèmes que s'est posés Lambert, un mémoire de C. W. RICHMANN, *De perficiendis mappis geographicis, imprimis universalibus, per idoneas scalas metiendis distantiis inservientes* (dans les *Commentarii Academiæ scientiarum imperialis Petropolitanæ, ad annum MDCCXLI-XLIII*, Saint-Pétersbourg 1751, in-4°, pp. 300 à 311).

projection nouvelle, qui a conservé son nom (4), et qui a le mérite de représenter les surfaces égales entre elles par des espaces mutuellement équivalents, sans déformer d'une manière trop choquante les configurations, ni altérer outre mesure l'équidistance respective des méridiens et des parallèles (5). La construction en était fondée sur le rayonnement, autour d'un centre commun, des cercles verticaux, recoupés par des almucantarats ayant chacun pour rayon la corde de l'arc vertical correspondant (6) ; sauf à rétablir ensuite, par

(4) MALTE-BRUN (*Précis de la Géographie universelle*, tome II, pp. 126-127) est toutefois, si je ne me trompe, le seul auteur français d'un traité de géographie qui n'ait point oublié de donner une idée au moins (tout incomplète qu'elle est) de ce mode de projection, sous le nom du véritable inventeur, auquel l'amour-propre des uns et la légèreté des autres ont substitué celui d'un simple copiste (voir ci-après § XXVI, note 2). Je n'avais point, de mon côté, commis cet oubli ni cette injustice dans l'article *Cartes géographiques* de l'*Encyclopédie nouvelle* (tome III, p. 277).

(5) Le maintien simultané des configurations et des valeurs superficielles étant impossible, la construction la plus désirable pour les usages vulgaires, est celle où la balance est le mieux observée entre les deux inconvénients de la déformation graphique, et de la diversité d'étendue des surfaces égales. Dans le cas actuel, les surfaces égales étant représentées par des surfaces équivalentes, les déformations inévitables semblent restreintes à leurs moindres limites.

(6) LAMBERT, *Entwerfung der Charten*, sect. IX, §§ 103 à 110, pp. 183 à 188 ; les figures XIX et XX offrent le spécimen d'une mappemonde et celui d'une carte d'Europe construites dans ce système. — MAYER, *Verzeichnung der Charten*, cap. III, §§ 51 à 55, pp. 411 à 433, plus la figure XXXVIII comme spécimen d'application à un hémisphère. — Si l'on nomme x la projection de l'arc vertical k compris entre le zénit donné et un almucantarat quelconque, on pourra supposer tour à tour $x = \sin k$, et la projection sera orthographique ; ou

une transformation aisée, le canevas des coordonnées géographiques usuelles (7).

Une autre application de la même formule (8), substituant les arcs verticaux eux-mêmes à leurs cordes, procurait une série d'almucantarats équidistants, et la transformation ultérieure de ces coordonnées en méridiens et parallèles conduisait à un canevas offrant les plus étroites ressemblances tant avec la projection globulaire qu'avec celles de La Hire et de Parent (9).

Sans parler de nombre d'autres artifices de calcul

bien $x = \tang 1/2\ k$, et ce sera la projection stéréographique; ou encore $x = \tang k$, et ce sera la projection centrale. Lambert a pris ici pour thème $x = 2 \sin 1/2\ k$, d'où il résulte pour chaque almucantarat ainsi projeté, une aire plane égale à l'aire courbe de la calotte sphérique correspondante, suivant que l'a démontré ARCHIMÈDE (*De la sphère et du cylindre*, liv. I, propositions XLVIII et XLIX, pp. 126-127 de l'édition de Torelli). — Il ne faudrait pas juger de l'aspect de cette projection par le spécimen de canevas qu'en a donné Herman BERGHAUS (dans les *Mittheilungen* de Petermann, Februar 1858, Tafel 4) d'après celui qu'on trouve dans STEINHAUSER (*ubi supra*, p. 105, fig. 26 A): il saute aux yeux que dans l'un ni dans l'autre la condition fondamentale n'est remplie, et que l'équivalence n'existe pas entre les divisions de chacune des zones de latitude, quoique représentant des espaces terrestres mutuellement égaux ; mais Steinhauser du moins a donné, quelques pages après (p. 108, fig. 29 A), un nouveau spécimen plus satisfaisant. — Voir en outre ci-après § XXVI, note 2.

(7) LAMBERT, *ubi suprà*, §§ 95 à 98, pp. 176 à 178, avec des tables calculées de 5° en 5° pour faciliter l'opération. — MAYER, *ubi suprà*, § 50, pp. 398 à 404, et § 52, pp. 416 à 420.

(8) C'est-à-dire le cas où l'on suppose $x = k$ (comme dans la projection polaire de Guillaume Postel); c'est celui que LAMBERT (*ubi suprà* § 99, p. 179) a d'abord examiné, et dont il a donné une application graphique dans sa figure XV. — Voir ci-après § XXVI, note 3.

(9) Voir ci-dessus §§ XX et XXIV.

XXV] (107)

auxquels s'exerça Lambert pour la solution du double problème de représenter les configurations sans trop altérer la mesure relative des surfaces, ou de représenter exactement les surfaces sans trop déformer les configurations, il est un procédé ingénieux par lequel il fit servir à des usages tout nouveaux le développement de la surface cylindrique (10) équivalente à celle de la sphère inscrite (suivant le fameux théorème (11)

(10) LAMBERT, *ubi suprà*, §§ 100 à 102, pp. 180 à 183; avec une application directe à la superficie entière du globe terrestre, fig. XVI, et une carte spéciale de l'Afrique, fig. XVII; puis une application transverse à une carte de l'Asie, figure XVIII; une double table calculée de 10° en 10° est destinée à faciliter la transformation des coordonnées. — MAYER, *ubi suprà*, §§ 47 à 49, et la fin du § 50, pp. 388 à 398 et 406 à 411; avec une application à une carte d'Asie, figure XXXVI. — Le capitaine du génie DE PRÉPETIT FOUCAUT (voir ci-dessus § XXI, note 10) a compris dans sa théorie d'ensemble des représentations en vraie grandeur, le développement de la surface du cylindre, soit circonscrit, soit pénétrant, sous la dénomination générale de *système à coordonnées rectangulaires*. — Voir en outre ci-après § XXVI, note 10.

(11) L'énonciation directe du théorème, que la surface convexe du cylindre (c'est-à-dire abstraction faite des deux cercles qui le terminent) équivaut à celle de la sphère inscrite, n'est pas expressément formulée dans le traité d'ARCHIMÈDE *de la sphère et du cylindre*, quoiqu'elle y soit virtuellement contenue; mais on sait que le grand géomètre avait ordonné qu'une figure représentative de sa découverte à ce sujet servît à décorer son tombeau, et que CICÉRON (*Tusculan. disputationum* lib. X, cap. XXIII, §§ 64, 65) pendant sa questure de Sicile, le reconnut à cet indice auprès de Syracuse : « Tenebam enim quosdam
» senariolos..... qui declarabant in summo sepulcro sphæram esse po-
» sitam cum cylindro. Ego autem..... animadverti columellam non
» multum à dumis eminentem, in quâ inerat sphæræ figura et cy-
» lindri. »

d'Archimède), en variant la position du cercle d'osculation, sauf à restituer le canevas des méridiens et des parallèles par une de ces transformations de coordonnées avec lesquelles il semblait se jouer.

XXVI.

On n'a pas utilisé dans la pratique, autant peut-être qu'on l'eût dû faire, les méthodes variées dont la science ingénieuse de Lambert avait doté l'art des projections (1). Quelques-unes ont tenté de reparaître sous d'autres noms : le colonel du génie Antoine-Marie Lorgna, fondateur de la Société Italienne de Vérone, faisait ressortir en 1789 les mérites de la projection verticale où les arcs sont représentés par leurs cordes (2), ce qui procure naturellement la représentation des superficies terrestres par des espaces équivalents; douze ans après, son confrère Antoine Cagnoli revenait au déve-

---

(1) MAYER (ubi suprà, pp. 420-421) cite seulement une Carte de l'Afrique septentrionale comprise dans l'Atlas der alten Welt de BIETH, Weimar 1800, et deux Planisphères joints par le professeur BODE à son Anleitung zur Kenntniss der Erdkugel, Berlin 1786, comme construits sur la projection (isosphérique) de Lambert.

(2) Anton-Mario LORGNA, Principj di geografia astronomico-geometrica, Vérone 1789, in-f°; capp. IX à XI, pp. 68 à 94. Il s'est borné à la seule projection polaire, sans paraître avoir songé à la projection zénitale quelconque avec transformation des coordonnées. — CAGNOLI (voir la note suivante) dit bénévolement dans un mémoire lu à la Société Italienne : « Lorgna, meritissimo fondatore di questa Società, » inventò un metodo in cui la superficie sulla sfera e sulla carta sono » perfettamente uguali. »

loppement des arcs eux-mêmes (3). Ce n'était évidemment de part et d'autre que de simples reproductions des idées de Lambert (4); et si les contemporains ont parlé d'une projection de Lorgna (5) ou d'une pro-

(3) Antonio CAGNOLI, *Della più esatta costruzione delle carte geografiche* (dans les *Memorie di Matematica e Fisica della Società Italiana*, tomo VIII, Modène 1799, in-4°, pp. 658 à 664, avec une planche) *Ricevuta li 7 ottobre* 1799. — Cagnoli considère la plus exacte représentation des distances comme préférable à l'égalité des surfaces, dans le choix d'une projection géographique : aussi propose-t-il celle qui emploie les arcs verticaux mêmes au lieu de leurs cordes ; et mieux avisé que Lorgna, il la considère comme une projection zénitale, à l'égard de laquelle il indique le procédé trigonométrique de transformation des coordonnées.

(4) Voir ci-dessus § XXV, note 6 en ce qui concerne la projection de Lorgna, et note 8 en ce qui concerne celle de Cagnoli.

(5) LACROIX *Introduction à la Géographie mathématique et critique* (tome Ier de la *Géographie de Pinkerson*, Paris 1804, in-8°), § 72, pp. cxvij-cxviij ; ou 2e édit. § 82, pp. 115 à 117; et dans le *Mémorial du Dépôt de la guerre*, tome I, § 15, pp. 19-20. — PUISSANT, *Traité de topographie*, § 42, p. 148. — FRANCŒUR, *Géodésie*, liv. II, chap. VI, §§ 333 à 337, pp. 298 à 301. — SALNEUVE, *Cours de Topographie et de Géodésie fait à l'École d'application du corps royal d'état-major*, Paris 1841, in-8°; liv. V, chap. X, § 440, pp. 389-390. — MALTE-BRUN, *Précis de Géographie*, tome II, liv. XXVII, p. 126. C'est le seul entre tous ces auteurs qui, éclairé par un mémoire de Mollweide dont il a reproduit un peu plus loin les résultats (voir ci-après § XXVIII, note 9) ait reconnu dans Lorgna un simple commentateur de Lambert : mais il s'est grandement mépris, ainsi que nous l'avons autrefois remarqué (article CARTES GÉOGRAPHIQUES de l'*Encyclopédie nouvelle*, p. 277, col. 1), en confondant la projection équatoriale à parallèles courbes, résultant de la transformation des coordonnées de la projection zénitale isosphérique de Lambert et de Lorgna, avec la projection à parallèles rectilignes de Mollweide, aujourd'hui propagée par Babinet sous la dénomination d'*homalographique*.

jection de Cagnoli (6), ce ne peut être, en vérité, qu'une concession de pure courtoisie.

Il n'y a pas lieu davantage à parler d'une projection de Textor, à propos d'un mémoire (7) consacré en 1808, par un officier allemand de ce nom (8), à la proposition de recourir, pour la représentation d'une zône terrestre étroite et longue dirigée obliquement à l'équateur, au développement du cylindre qui aurait pour cercle d'osculation le vertical coïncidant avec la plus grande longueur de la zône à représenter (9) : ce n'est encore là, comme on voit, qu'une reproduction des procédés de Lambert (10).

(6) Lacroix, *Introduction à la Géographie mathématique* (2ᵉ édition seulement), § 83, pp. 117-118.

(7) *Vorschlag zu einer Projection eines langen und schmalen Streifens der Erdfläche, dessen Richtung mit dem Æquator einen schiefen Winkel macht, nebst einigen Bemerkungen über Landcharten Projectionen*, von dem Premier-Lieutenant von Textor ; dans la *Monatliche Correspondenz* de Zach, septembre 1808, pp. 185 à 196.

(8) Jean-Christophe de Textor, capitaine d'artillerie de l'armée prussienne, professeur de mathématiques et des sciences militaires à l'École d'artillerie de Berlin, mort en 1812. (Voir Poggendorff, *Biographisch-literarisches Handwörterbuch*, tome II, pp. 1086-1087.)

(9) Textor, *ubi suprà*, pp. 189-190 : « Hätte aber [einige Stücken
» der Erdfläche] seine Länge eine beträchtlich schiefe Richtung gegen
» den Æquator,...... es ist in diesem Fall am natürlichsten, den
» grössen Kreis der Kugel, welcher der Länge nach durch die mitte
» des Streifens gehet, als Afteræquator anzusehen und sich durch
» denselben eine Cylinderfläche zu gedenken, welche also die Kugel-
» fläche darin berührt. Auf diese Cylinderfläche könnte man die
» wirklichen Meridiane und Parallelen projiciren und sie hiernächst in
» eine Ebene ausbreiten. »

(10) Voir ci-dessus § XXV, note 10. — Lambert avait donné des spécimens d'application de son procédé dans le sens direct, et dans le

XXVII.

Jusqu'alors la géographie ne s'était point avisée d'appliquer à ses propres usages l'antique Horoscope ou projection gnomonique, qui a son point de vue au centre de la sphère concave (1). Chez nous, il est vrai, le baron de Prôny avait eu la pensée d'y recourir pour les topographies cadastrales (2), mais ce dessein n'avait

sens transverse ; le capitaine de Textor a porté spécialement son étude sur le cas d'une application dans le sens diagonal, non-seulement dans l'hypothèse d'un cylindre osculateur, mais aussi dans la supposition d'un cylindre pénétrant (à la manière du cylindre des projections plates de Marin de Tyr et de Ptolémée, ou du cône sécant de Mercator, de Nicolas Del'Isle, et de Murdoch).

(1) Voir ci-dessus § III, note 4, et § VI, 2ᵉ alinéa.
(2) LACROIX, *Introduction à la Géographie mathématique*, p. cvj (ou p. 105 de la 2ᵉ édition, et p. 14 du *Mémorial du Dépôt de la guerre*) : « En plaçant le point de vue au centre de la sphère et pre-
» nant pour tableau un plan tangent à sa surface, on obtient une
» perspective du Globe dans laquelle tous les grands cercles sont re-
» présentés par des lignes droites... Elle peut être fort utile pour des
» parties du globe dont l'étendue ne serait pas très-considérable, et
» elle est susceptible d'une espèce d'échelle dont la construction n'est
» pas difficile à trouver. C'était sans doute par cette raison que Prôny
» s'était proposé de s'en servir dans les cartes du cadastre ».—Ce fait, que d'autres ont répété depuis, avait sans doute été connu avec certitude par Lacroix dans ses rapports personnels avec Prôny, son confrère à l'Institut, et dans les opérations de la Commission spéciale chargée en 1803 du choix d'une projection pour les travaux du Dépôt de la guerre, où Prôny, comme directeur des Ponts et chaussées, avait naguère fait partie d'une Commission mixte chargée de rendre uniformes pour les divers services publics les procédés en usage pour le figuré du terrain sur les cartes, les plans et les dessins topographiques.

pas eu de suites. Un géographe allemand bien connu, Chrétien-Théophile Reichard, fit paraître à Weimar, en 1803, un atlas de six cartes représentant le globe tout entier dans ces conditions exceptionnelles de perspective (3).

Dans une telle projection, la représentation complète de la sphère terrestre exige au moins quatre cartes répondant aux quatre faces triangulaires d'un tétraèdre (4) ; Reichard a préféré les six faces quadrilatères d'un cube (5) : guidé par d'autres vues, un illustre

(3) *Atlas der ganzen Erdkreises, nach den neuesten astronomischen Bestimmungen und mit den neuesten Endeckungen, in der Centralprojection auf vj Tafeln entworfen*, von Christ. Gottl. REICHARD, Weimar 1803, in-f°; *nebst einer Abhandlung darüber, und einer Erläuterungs-Tafel*, 42 pp. in-8°. — Je n'ai point eu sous les yeux l'atlas même de Reichard, mais seulement une carte d'Afrique, à moindre échelle, extraite comme spécimen de cet atlas (*Verkleinerte Probe-Charte von* C. G. REICHARD's *Atlas des ganzen Erdkreises in der Centralprojection entworfen*, Weimar 1803, un quart de feuille), et jointe au mémoire explicatif, inséré dans les *Allgemeine geographische Ephemeriden, verfasset von einer Gesellschaft Gelehrten, und herausgegeben von* F. J. Bertuch *und* C. G. Reichard, tome XII, Weimar 1803, in-8°; pp. 129 à 170.

(4) Les arcs terrestres étant représentés sur le plan de projection par leurs tangentes, il est évident que l'arc de 90°, dont la tangente est infinie, excède toutes les limites possibles de ce plan, et qu'il faut dès lors se borner à une moindre amplitude; la projection du cercle entier exige donc au moins trois plans, sur chacun desquels l'arc à projeter par sa tangente sera en moyenne de 60°; et pour que ces trois plans se rencontrent sur la sphère dans tous ses aspects, il faut recourir au moins au tétraèdre, le plus simple de tous les solides terminés par des plans.

(5) REICHARD, *ubi suprà*, p. 131 : « Diese sechs Tafeln, die Seiten » eines Würfels schliessen eine Kugel..... Der Würfel ist so gestellt dass

géologue a reconnu des avantages particuliers au choix des faces pentagonales d'un dodécaèdre régulier (6), disposées suivant des conditions spéciales d'orientation (7) d'après un système général de stratigraphie (8); et il a publié comme spécimen une esquisse du pentagone eu-

» die beiden Pole die Mittelpuncte zweyer entgegen gesetzten Tafeln
» berühren; die Berührungspuncte der vier übrigen Tafeln fallen
» mithin in den Æquator. »

(6) L. Élie de Beaumont, *Notice sur les systèmes de montagnes*, Paris 1852, trois vol. in-18; tomes II et III. — Ce ne peut être ici le lieu d'exposer les combinaisons ingénieusement établies entre les diverses directions des chaînes de montagnes, qui ont conduit l'auteur à soupçonner une sorte de symétrie, dont l'expression la plus plausible lui a paru constituer, à la surface du globe, un réseau pentagonal se traduisant en un dodécaèdre régulier; il suffit, pour nous, de saisir le côté géographique de cette savante étude. — pp. 915-916 : « Il m'était avant tout nécessaire d'avoir constamment sous
» les yeux un diagramme précis de la disposition des grands cercles
» représentants essentiels de la symétrie pentagonale..... J'ai eu re-
» cours à un mode de projection déjà employé en géographie sous le nom
» de projection gnomonique..... » — p. 1038 : » Mon projet est de
» publier plus tard un atlas composé d'une mappemonde où le réseau
» pentagonal sera figuré dans son ensemble, de douze cartes particu-
» lières représentant chacune un des douze pentagones, et d'un cer-
» tain nombre de cartes spéciales..... »

(7) L'orientation étant déterminée par celle des directions orographiques, le savant géologue a consigné dans un tableau, en regard de la position précise du centre de chaque pentagone, l'angle sous lequel la ligne directrice coupe en ce point la projection du méridien.

(8) Élie de Beaumont, *ubi supra*, p. 1324 : « La *Stratigraphie*, de
» même en général que toute la géognosie, dont elle est une des parties
» les plus essentielles, appartient entièrement à la science moderne.
» Buffon, à la vérité, appelait la stratification *une espèce d'organisa-*
» *tion de la Terre*; et l'on trouve déjà des indications stratigraphiques
» assez précises dans Sténon, qui écrivait en 1669 : *De solido intra*

ropéen (9), pour nous le plus important de tous. Mais jusqu'à présent l'atlas de Reichard reste l'unique exemple complet, que nous sachions, d'un emploi purement géographique de la projection centrale.

XXVIII.

A la même époque, le professeur George-Théophile Schmidt, de Giessen (1), proposait un nouveau mode de construction ayant pour but de représenter les surfaces mutuellement égales sur le globe par des surfaces mutuellement équivalentes sur le cercle correspondant à l'hémisphère projeté (2) : les méridiens elliptiques équi-

» *solidum contento ;* ce titre de l'ouvrage de Sténon est presque une » définition de la stratigraphie. » — (Le nom est malheureusement hybride ; mais il se comprend tout d'abord, et peut-être le mot étymologiquement plus correct, de *stromatographie*, aurait-il une physionomie quelque peu trop pédantesque.)

(9) Élie de Beaumont, *ibidem*, p. 1038 : « Je n'ai pu joindre au » présent volume..... qu'un petit tracé de l'Europe..... qui m'a servi » en même temps à expliquer la structure du réseau pentagonal. » — Voir aussi l'explication des planches, pp. 1353-1354.

(1) Georg Gottlieb Schmidt, *Handbuch der Naturlehre*, Giessen 1801-1803, in-8°; 2ᵉ partie, p. 595 : *Projection der Halbkugelfläche*. — Il m'a été impossible de voir de mes yeux cette édition, que je n'ai pu parvenir à rencontrer dans les Bibliothèques de Paris, ni me procurer par les voies de la librairie en Allemagne. J'ai donc été forcé de me contenter des indications que contient, à l'égard de la projection alors proposée et depuis abandonnée par Schmidt, le mémoire consacré par Mollweide (voir la note 6 ci-après) à l'exposition d'une autre projection dont celle de Schmidt lui avait donné l'idée.

(2) « Diese Entwerfungsart gründet sich zunächst darauf, dass die » halbe Oberfläche einer Kugel vom Halbmesser einer Kreisfläche,

distants jadis proposés par le père Fournier (3) pour une carte "la mieux proportionnée qu'on puisse" remplissaient parfaitement cette condition dans le sens des longitudes, conformément à une propriété de l'ellipse déjà énoncée par Archimède (4); quant à la latitude, le physicien allemand avait recours au simple expédient de tracer les parallèles par les subdivisions égales des méridiens (5).

» deren Halbmesser = $\sqrt{2}$, gleich ist; ferner auf dem Satz, dass die
» Area einer Ellipse sich zu der Area des über ihrer grosser Achse
» beschriebenen Kreises, wie die kleine Achse zu der grossen verhält.
» Vermittelst des letzten Satzes wird nämlich die Theilung eines
» Kreises nach beliebigen Verhältnissen durch Semi-Ellipsen über
» einem seiner Durchmesser vollendet. » (Voir la note 1 ci-dessus.)

(3) Voir ci-dessus § XVIII, note 12.

(4) ARCHIMÈDE, *Des Conoïdes et des Sphéroïdes*, proposition V : Πᾶν χωρίον τὸ περιεχόμενον ὑπὸ ὀξυγωνίου κώνου τομᾶς· ποτὶ τὸν κύκλον τὸν ἔχοντα διάμετρον ἴσαν τᾷ μείζονι διαμέτρῳ τᾶς τοῦ ὀξυγωνίου κώνου τομᾶς, τὸν αὐτὸν ἔχει λόγον, ὃ ἁ ἐλάσσων διάμετρος αὐτᾶς ποτὶ τὰν μείζω, τουτ' ἐστὶ ποτὶ τὰν τοῦ κύκλου διάμετρον. (pp. 265-266 de l'édition de Torelli). — Schmidt n'avait point oublié de remarquer que cette propriété avait été énoncée par Archimède; mais dans la citation, répétée par Mollweide, de ce même traité, « worin er der 8ten Satz ist », il se trouve une inadvertance, qui n'est peut-être qu'une *coquille* d'imprimeur.

(5) « Professor Schmidt befiehlt, die elliptischen Meridiane einzeln
» mit dem Zirkel in gleiche Theile zu theilen, und durch die gleich-
» namigen Theilungspuncte krumme Linien für die Parallelkreise zu
» legen. Die Verzeichnung soll alsdann bis zum 60° der Breite vom
» Æquator an gerechnet einen ziemlich genauen Flächeninhalt der
» Länder und eine mindere Verzerrung, als die von BODE in seiner
» *Anleitung zur Kenntniss der Erdkugel* gewählte Lambert'sche Ent-
» werfungsart [*Lambert*, S. 183 u. f., und *Mayer* § 51-53] geben ».
(Voir la note 1 ci-dessus.)

Le savant géomètre Charles-Brandan Mollweide, de Halle, ne fut point satisfait de cette solution, et en donna une nouvelle (6), où ne figurent plus que des parallèles rectilignes espacés d'après une loi dont il détermina la formule (7) et calcula les expressions numériques (8). Bien que publiée dès 1805, et rappelée par Malte-Brun (9) dans toutes les éditions de sa Géographie (10) qui se sont succédé depuis 1810, cette projection était restée plus d'un demi-siècle sans ap-

---

(6) MOLLWEIDE, *Ueber die vom Prof. Schmidt in Giessen in der zweyten Abtheilung seines Handbuchs der Naturlehre S. 595 angegebene* " *Projection der Halbkugelfläche* " (hierzu ein Kupfer, eine geometrische Figur enthaltend), dans la *monatliche Correspondenz* de ZACH, cahier d'août 1805, pp. 152 à 163.

(7) En nommant μ la latitude du parallèle terrestre à projeter, φ l'arc correspondant du cercle de projection, et π (suivant l'usage) le rapport de la circonférence au diamètre, MOLLWEIDE (*ubi suprà*, p. 156) énonçait ainsi sa formule : $\sin 2\varphi + 2\varphi = \pi \sin \mu$; si l'on préfère, pour la notation, λ à μ et x à φ, et qu'on veuille renverser l'ordre des termes, on pourra écrire la même énonciation sous cette autre forme : $\pi \sin \lambda = 2x + \sin 2x$, qui paraît agréer davantage aux partisans actuels de la projection de Mollweide.

(8) MOLLWEIDE, *ubi suprà*, pp. 159-160.

(9) MALTE-BRUN, *Précis de la géographie universelle*, tome II, p. 127, — Nous avons dès longtemps fait remarquer (voir ci-dessus § XXVI. note 5) sa méprise à considérer la projection de Mollweide comme une application, sous l'aspect équatorial, de la projection isosphérique zénitale de Lambert, reproduite par Lorgna.

(10) Malte-Brun n'a donné lui-même que les deux premières éditions de son livre, savoir, l'édition originale de 1810, et la seconde en 1812; ce fut son continuateur Huot qui publia la troisième en 1832 et la quatrième en 1836; jusqu'alors le format in-8° de carré avait été maintenu; mais le grand in-8° de jésus fut désormais adopté pour les éditions suivantes; la cinquième, donnée encore par Huot dans ce nou-

plication effective, et même sans dénomination aucune, lorsqu'un savant et spirituel académicien est venu en ces derniers temps la tirer de cet injuste oubli (11), en

veau format, porte la date de 1840; c'est Malte-Brun le fils qui a publié les deux suivantes, savoir, la sixième, qui porte son nom, en 1851, et celle que nous comptons pour la septième, *illustrée* par Gustave Doré, et dont le format s'est agrandi jusqu'à l'in-8° de colombier. — Je ne saurais classer parmi les *éditions de Malte-Brun*, les publications faites ultérieurement de son ouvrage tombé dans le domaine public, et dans lesquelles les nouveaux éditeurs, tout en conservant ce nom devenu populaire en matière de géographie, ont usé plus ou moins largement du droit de modifier ou de refondre l'œuvre originale : les noms de CORTAMBERT et de LAVALLÉE y sont inévitablement attachés, et assument la responsabilité de la part qu'ils y ont prise. Je passe tout à fait sous silence d'autres reproductions mutilées qui ne méritent pas notre attention. Dans toutes ces publications *nouvelles* a disparu la mention expresse, respectée par Huot et par Malte-Brun fils, de la projection de Mollweide. — Espérons qu'un jour, mûri de plus en plus dans les études qui ont fait la renommée de son père, Malte-Brun fils donnera une édition aussi fidèle que possible, sans s'interdire les corrections justifiées ni les améliorations indispensables, d'un livre dont il a, plus que personne, le droit et le devoir de maintenir la juste célébrité.

(11) V. A. MALTE-BRUN, *Du nouveau système de projection homalographique de M. Babinet, membre de l'Académie des sciences, et de son application à la construction des cartes géographiques*; dans les *Nouvelles Annales des voyages*, cahier d'août 1857, pp. 127 à 141. — Alfred MAURY, *Rapport sur les progrès des sciences géographiques pendant l'année* 1857, dans le *Bulletin de la Société de géographie*, cahier de décembre 1857, pp. 468-469. — Herman BERGHAUS, *Ueber H. James' und J. Babinet's Entwurfsarten für Planigloben (mit Karte)*, dans les *Mittheilungen über wichtige neue Erforschungen auf dem Gesammtgebiete der Geographie*, Gotha 1858, in-4°, cahier de février, pp. 63 à 69. — J. BABINET, *Géographie nouvelle : mappemondes et cartes, système homalographique*, Paris 1859, gr. in-16, pp. 3 à 10. — LECOUTURIER, dans le journal *le Siècle*; MENU DE SAINT-MESMIN, dans le journal

faire ressortir les mérites (12), la vulgariser, et lui trouver enfin l'appellation caractéristique qu'elle attendait depuis si longtemps. Grâce au favorable patronage de M. Babinet, la projection de Mollweide (13), c'est-à-dire la projection " homalographique ", ainsi que l'a dénommée son ingénieux propagateur, est aujourd'hui

Ami des sciences; FIGUIER, dans le journal *la Presse*; etc., etc. — Au nom de Babinet doit être réuni celui de son élève Jules Bourdin, qui a calculé de 30′ en 30′, pour tout le quadrant, l'espacement des parallèles, que Mollweide s'était borné à donner de 10° en 10°.

(12) BABINET, *Construction des cartes homalographiques, construction nouvelle* (à la quatrième page du Prospectus des Atlas publiés dans ce système par l'éditeur Ernest Bourdin); l'éloge est des plus complets, et couronné par ce dernier trait, imprimé en petites capitales immédiatement avant la signature qui lui sert de garantie : « Cette » projection est la seule qui n'altère pas l'étendue relative des diverses » parties du globe ». Certes l'inventeur lui-même, le savant et modeste Mollweide n'eût pas osé exalter à ce point son œuvre, lui qui reconnaissait la même propriété à la projection homéotère de Ptolémée remise en honneur par Bonne (voir ci-dessus § VIII, note 4), et bien certainement aussi à la projection sinusoïdale de Sanson adoptée par Flamsteed, à la première projection conique de Murdoch perfectionnée par Albers, à la projection zénitale de Lambert prônée par Lorgna, et assurément encore à la projection cylindrique du même Lambert appliquée par Textor. Mais ce que l'auteur allemand ne pouvait se permettre, son admirateur français pouvait le risquer par une sorte d'hyperbole, considérée de fait comme une formule élogieuse de chaleureux patronage et de haute courtoisie.

(13) Un éditeur empressé de s'appuyer sur une renommée populaire, quelques écrivains entraînés par son exemple, ont pu risquer sans tirer à conséquence, la dénomination de *projection de Babinet*; mais quelque nombreux que soient les exemples d'un semblable laisser-aller, il convient cependant aux esprits sérieux de s'élever contre ces substitutions de noms qui masquent celui de l'inventeur légitime, et viennent à la longue oblitérer la vérité.

entrée dans l'enseignement public (14), et répandue dans le monde entier.

XXIX.

Il est dans les habitudes de l'esprit humain de graviter dans un cercle d'idées dont les retours sont plus

(14) *Nouveaux atlas universitaires de géographie physique, politique et historique, dressés conformément aux programmes officiels à l'usage des lycées, collèges, pensions et autres établissements d'instruction publique, projection homalographique* de M. BABINET, membre de l'Institut (Académie des sciences), examinateur à l'École polytechnique, *autorisés pour l'enseignement par arrêté de S. Exc. M. le Ministre de l'instruction publique et des cultes, en Conseil impérial du 30 juillet 1860, adopté à l'École impériale polytechnique*, Paris 1860, gr. in-f° de 60 cartes. — *Nouveaux atlas spéciaux aux lycées et collèges, dressés suivant les programmes officiels d'histoire et de géographie*, six atlas in-4° et gr. in-4°. — *Atlas à l'usage des aspirants au baccalauréat ès sciences et ès lettres, et aux Écoles du gouvernement (polytechnique, forestière, et Saint-Cyr)*, deux atlas, format 36/50 cent. et format 28/36. — *Atlas spéciaux aux pensions et cours de jeunes gens et de jeunes personnes, pour servir à l'étude de l'histoire et de la géographie*, huit atlas format 28/36 cent. — Ajoutez à cela la diffusion obtenue par d'autres voies, notamment l'introduction d'articles spécialement consacrés à cette projection dans les ouvrages d'enseignement ou de littérature géographique, tels que le *Cours de topographie et de géodésie fait à l'École d'application d'état-major* de J. F. SALNEUVE père et A. SALNEUVE fils, 3ᵉ édition, Paris 1857, in-8°, pp. 568 à 570; et la *Géographie de Malte-Brun*, éditions données tant par V. A. MALTE-BRUN le fils que par E. CORTAMBERT. Tout ce mouvement de propagation de la Projection de Mollweide est dû à l'heureuse influence de M. Babinet : il serait déplorable que le nom même de Mollweide courût le risque d'être englouti dans le flot (j'allais dire le mascaret) de renommée imprimé à son œuvre par le spirituel auxiliaire que sa bonne fortune posthume lui a départi.

ou moins lents ou rapides, plus ou moins réguliers ou capricieux. Les projections perspectives telles que les avaient laissées depuis plus d'un siècle La Hire et Parent (1), avaient été reprises à Londres en 1824 par l'ingénieux graveur Jean Lowry (2), qui, choisissant une moyenne entre divers points de vue déterminés par l'aspect le plus favorable à un certain nombre de localités choisies, fixa la place de l'œil à la même distance que La Hire, avec quelque tendance vers un léger amoindrissement (3). En 1857 le colonel du génie sir Henri James, directeur de l'*Ordnance Survey* (c'est-à-dire des travaux géodésiques relatifs à la grande carte d'Angleterre), voulant comprendre dans le champ d'une projection analogue, une plus grande étendue de la su-

---

(1) Voir ci-dessus § XX, 2e alinéa.

(2) LACROIX, *Précis du rapport verbal fait à l'Académie des sciences dans sa séance du 12 septembre* 1825, dans le *Bulletin de la Société de géographie*, cahier de septembre 1825, pp. 127 à 130 : « Dans la » séance du 28 février de cette année, M. John Lowry, graveur à » Londres, soumit à l'Académie des sciences un mémoire sur un sys- » tème de projection dont il ne croit pas qu'on se soit encore servi » pour la construction des cartes géographiques ». — Lowry re-inventait, comme Flamsteed, Lorgna, Cagnoli, Textor, Nell, et tant d'autres.

(3) IDEM, *ibidem*, pp. 128-129 : « Au lieu de se borner à la coïnci- » dence établie par La Hire, il [M. Lowry, d'après le conseil de » M. Wallace] a cherché successivement les distances où il fallait » placer le point de vue pour que les arcs de 5, 10, 15..... 85°, fus- » sent représentés sur la carte par des parties proportionnelles du » rayon, ce qui ne pouvant avoir lieu [à la fois] que pour un seul de » ces arcs, a fourni 17 déterminations du point du vue, entre lesquelles » M. Lowry a pris un milieu. Il a [ainsi] trouvé 1,69 pour la dis- » tance du centre au point de vue. » — On sait que La Hire prenait R + sin 15° = 1,707, et Parent 2 sin 60° = 1,732.

perficie terrestre (4), en avançant le plan du tableau à 23° 30′ en deçà du centre de la sphère, s'est trouvé entraîné à rapprocher aussi le point de vue, et il a fixé la distance de l'œil à la moitié du rayon (5), équivalant au sinus de 30°, au lieu du sinus de 45° qu'avait choisi La Hire. Le capitaine Alexandre Ross Clarke, du même service, estime que pour obtenir les conditions de perspective les plus favorables avec le plan de projection adopté (6), il faudrait se rapprocher encore, jusqu'à

(4) *New geometrical Projection of two-thirds of a Sphere*, article compris dans la section *Useful Inventions* de l'*Address to the Royal Geographical Society of London, delivered at the Anniversary meeting on the 25th mai* 1857, *by sir* Roderick Impey Murchison, *President*; pp. 421 422 des *Proceedings*, vol. I, Londres 1857, in-8°; ou pp. cxlj-cxlij du *Journal*, vol. XXVII, Londres 1857, in-8°. — Herman Berghaus, *über H. James' und J. Babinet's Entwurfarten für Planigloben*, ubi suprà, pp. 66-67. — *On projections for maps applying to a very large extent of the Earth's surface, by colonel sir* Henry James, R. E., *Director of the Ordnance Survey, and captain* Alexander Ross Clarke, R. E. (with a Plate): *communicated by the authors*; dans le *Philosophical Magazine and Journal of Science*, cahier d'avril 1862, pp. 306 à 312.

(5) Henry James, *On projections*, etc. (*Philos. Mag.*, p. 311) : « My » projection of two-thirds of the surface of the sphere ..... is a true » geometrical or optical projection, in which the sphere is supposed » to be hollow, the plane of projection drawn parallel to and at the » distance of 23° 30′ from the plane of any great circle, and the point » of sight or projection is at the distance of half the radius from the » surface of the sphere. In my published maps the plane of projection » is drawn parallel to the plane of the ecliptic ».

(6) Alex. R. Clarke, *ibidem*, pp. 309 à 311 : « The first (viz sir » H. James's) of these projections may, however, be greatly improved... » The point of sight or of projection is here at the distance of 11/30 » of the radius from the surface, instead of 1/2 of the radius ». —

une distance à peu près égale au sinus de 20° seulement.

Dans cette recherche, où s'est en ces derniers temps engagée l'Angleterre, d'un mode de représentation dans lequel les configurations terrestres seraient déformées le moins possible, sans arriver non plus à une trop grande dilatation des surfaces extrêmes, l'astronome royal George Biddell Airy a eu la pensée de déterminer au préalable par des formules analytiques la loi de compensation mutuelle des écarts inhérents à toute projection plane d'une surface sphérique, et d'en faire ensuite l'application à une construction indépendante de tout autre système (7) : le rapprochement comparatif de ce canevas avec les projections de Lambert et du colonel James, a montré que chacun de ces trois systèmes offre, dans de certaines limites, des avantages

---

H. James, *ibidem*, p. 312 : « In deciding to adopt half the radius as » the distance for my point of projection, I knew that this was not » the best possible point, but that it was so near to it, that, for all » practical purposes and the simplicity of its definition it was the best » to adopt ». — Les 11/30 du rayon équivalent en réalité au sinus de 21°30′37″, mais nous disons 20° en nombre rond.

(7) *Explanation of a projection by Balance of Errors for maps applying to a very large extent of the Earth's surface; and comparison of this projection with other projections*, by G. B. Airy, esq. astronomer Royal : Communicated by the author; dans le *Philosophical Magazine*, cahier de décembre 1861, pp. 409 à 421 : « The two » errors, to one or both of which all projections are liable, are, change » of area, and distortion..... My object in this paper is to exhibit a » distinct mathematical process for determining the magnitudes of » these errors, so that the result of their combination shall be most » advantageous. This principle I call *The Balance of Errors*..... These » two errors, when of equal magnitude, may be considered as equal

supérieurs aux deux autres (8); et peut-être est-il plus sensé, au milieu de ce conflit, de donner aux projec-

» evils..... we must use some even power of the formulæ to represent
» the real amount of the evil of each. I shall take the squares. The
» total evil in the projection of any small part may properly be re-
» presented by the sum of these squares.... The process for determi-
» ning the most advantageous projection will therefore consist in
» determining the laws..... which will make the total evil repre-
» sented as has just been stated, the smallest possible. »

(8) G. B. AIRY, *ubi suprà*, pp. 414 à 418. — Il fait ses comparaisons entre cinq projections différentes, qu'il caractérise par des formules analogues à celles que nous avons employées ci-dessus § XXV (notes 6 et 8); pour plus de commodité, je conserve ici la notation dont j'ai fait usage plus haut, et je m'en sers pour traduire les formules diacritiques d'Airy à l'égard des cinq projections auxquelles il donne les dénominations suivantes : 1° "The Projection with *Equal Radial Degrees*", où $x = k$: c'est celle des projections de Lambert qu'a reproduite Cagnoli; — 2° "The Projection with *Unchanged Areas*", où $x = 2 \sin 1/2 k$: c'est celle des projections de Lambert qu'a reproduite Lorgna; — 3° "The *Stereographic* Projection", où $x = \tang 1/2 k$; — 4° "Sir H. *James's* Projection", où $x = 5 \sin k / 3 + 2 \cos k$; — enfin 5° "The Projection by *Balance of errors*", où $x = \tang 1/2 k + 2 \cot 1/2 k \log \sec 1/2 k$. — Le résultat de ses rapprochements, c'est qu'après avoir rejeté la projection stéréographique comme exagérant outre mesure les surfaces en s'éloignant du centre, il range les autres, à ce point de vue, dans cet ordre de préférence : *Unchanged areas*, sir H. *James's*, *Equal radial degrees*, *Balance of errors* ; tandis qu'au point de vue de la distortion elles doivent être ainsi rangées : *Balance of errors*, *Equal radial degrees*, sir H. *James's*, *Unchanged areas*. Au total, il préfère sa *Balance of errors* à la projection de sir Henri James, parce que l'inconvénient d'exagération de surface dans la première lui paraît moins fâcheux que celui de distortion des configurations qui subsiste encore dans la seconde. — Peut-être ne tirerions-nous pas, des résultats de la comparaison, les mêmes conclusions que le savant astronome royal, lequel, du reste, avait commis à son propre dés-

tions normales la préférence sur une construction purement arbitraire. C'est ce qui a eu lieu en faveur de la projection du colonel James, pour une œuvre gigantesque méditée par le gouvernement anglais (9), savoir, une carte générale du monde entier à l'échelle de deux pouces pour mille itinéraire (10), c'est-à-dire à peu près au trente-deux-millième.

avantage une inadvertance de calcul qui a été relevée et rectifiée par les soins du colonel James. — A. R. CLARKE, *ubi suprà*, p. 309 : « By » inspection of the Table it will be seen that from 0° to 45° the » Equal-radial Projection has the advantage; from 50° to 80° sir » H. James's Projection has the advantage; from 80° upwards the » Balance of Errors has the advantage. — *Address to the Royal Geographical Society of London, delivered at the anniversary meeting on the 26th may 1862, by the* Lord ASHBURTON, *Président*, pp. 141-142 des *Proceedings*, vol. VI, Londres 1862, in-8° : « It has been de- » monstrated that (assuming the errors which all projections of a sphe- » rical surface on a plane must necessarily have, viz. distortion in » form and distortion in area, are equally objectionable) the distance » of the point of projection adopted by sir Henry James in his geome- » trical projection of two-thirds of the Sphere, will, for the projection » of a hemisphere, give the least possible distortion of form and area, » and that the misrepresentation will be a minimum..... It is now » demonstrated that this is the best possible projection for a hemi- » sphere, and it should therefore be adopted by all geographers ». — L'assertion est un peu bien absolue, et peut-être ne sera-t-elle pas universellement acceptée sans quelque restriction.

(9) Lord ASHBURTON's *Address*, ubi suprà, p. 141 : « Sir Henry James » has this year published six sheets of the marginal Lines for the sheets » of a map of the whole world, on the scale of 2 inches to a mile..... » This is a great undertaking..... and it is right that the topographical » department of such a country as ours should undertake to make it. »

(10) En comptant le mille de 8 furlongs, le furlong de 220 yards, le yard de 3 pieds, et le pied de 12 pouces, on voit que le mille équivaut à 63 360 pouces, et que par conséquent le rapport de 2 pouces

Le Département topographique du Bureau de la guerre, placé sous la direction du même officier, a fait choix en outre, pour les cartes destinées à embrasser une vaste étendue de pays, d'un canevas construit dans ces conditions, que les parallèles sont des arcs de cercle ayant pour rayon la cotangente de leur latitude respective, et que les méridiens sont des courbes mécaniques déterminées par la valeur des degrés de longitude, corrélative à chaque parallèle (11). Ce n'est point un mode nouveau de projection ; c'est une simple application du procédé en usage pour le tracé à plat, des

à 1 mille est celui de 1 à 31 680, ou en nombre rond de 1 à 32 000. — Il est difficile de s'expliquer l'avantage qu'on peut attendre d'une représentation générale des deux tiers de la surface du globe, rapportés à un seul point de vue perspectif et figurés sur un plan unique de projection, alors que l'échelle adoptée est si grande que l'idée ne pourrait venir à personne de tenter un assemblage effectif des centaines de milliers de feuilles exigées par de telles dimensions.

(11) *Description of the Projection used in the Topographical Department of the War Office for Maps embracing large portions of the Earth's Surface [drawn up by capt.* A. R. Clarke, *R. E., and] communicated by colonel sir* Henry James, *R. E., Director of the Topographical department;* dans *The Journal of the Royal Geographical Society,* vol. XXX, Londres 1860, in-8°; pp. 106 à 111 : « Imagine a hollow » globe formed of a mere surface of paper ; suppose it actually cut by a » great number of parallel planes along equidistant parallels of latitude ; » let also one meridian (from north Pole to south Pole, 180°) be en- » tirely cut through. In this state let the whole be opened out into a » plane from the meridian exactly opposite to the one cut through, » and the previously spherical surface is converted into a number of » strips of paper, each of which is part of a circular belt, with the » exception of the equator, which will be straight. » — Les procédés matériels de construction ont été ingénieusement simplifiés par M. O'Farrell, attaché au même service.

enveloppes destinées à recouvrir les globes terrestres artificiels (12).

XXX.

Arrêtons-nous enfin : les pages se sont multipliées au delà de ma prévision : il me faut répéter une fois de plus cette excuse, devenue banale à force de vérité, que je n'ai pas eu le temps d'être plus court. Et cependant, que de lacunes j'ai laissées sur ma route ! que de noms dignes d'être cités je n'ai pas inscrits dans cette revue hâtive ! Ai-je dit les ouvrages magistraux (1) que l'érudite et savante Allemagne offre à notre étude ? Ai-je rappelé seulement les travaux spéciaux qui se sont produits chez nous, sous nos yeux, les leçons de Puissant (2), les recherches analytiques

(12) Voir ci-dessus § XVII, note 3. — Il est à remarquer toutefois que la construction vulgaire suppose l'enveloppe flexible du globe incisée le long des méridiens pour former des fuseaux reliés uniquement entre eux par l'équateur, tandis que dans la construction nouvelle l'incision, comme on vient de le voir dans la note précédente, serait faite le long des parallèles, pour former des bandes recoupées crucialement à l'opposite du méridien moyen et reliées uniquement entre elles par celui-ci.

(1) Ce que je n'avais pu introduire dans la rédaction de ce trop rapide aperçu, j'ai tâché de le mettre dans les notes que j'y ai ajoutées après coup; et c'est ainsi que les ouvrages de Jean-Tobie Mayer, d'Antoine Steinhauser, etc., y ont pris leur place.

(2) Le traité de Géodésie de Puissant, son traité de Topographie, d'Arpentage et de Nivellement, et les suppléments relatifs aux Projections, qu'il y a ultérieurement joints, ont aussi trouvé dans mes notes la mention spéciale que j'avais le regret de ne leur avoir pas d'abord consacrée.

d'Ossian Bonnet (3), les études comparatives d'Auguste Tissot (4), les essais du capitaine du génie De Prépetit Foucaut (5)? Il m'eût fallu faire un volume, et je n'avais le droit de vous lire que quelques pages.

(3) M. Ossian Bonnet avait choisi en 1852, comme thèse d'astronomie pour son admission au doctorat, la Théorie mathématique des cartes géographiques (*Thèses de mécanique et d'astronomie présentées à la Faculté des sciences de Paris le 2 août 1852*, in-4°, pp. 39 à 78), et il annonçait l'intention de revenir en détail sur ce sujet dans une autre occasion. Le savant académicien n'a rien publié depuis lors de relatif aux projections; mais nous savons qu'il a poursuivi ses recherches de haute analyse à cet égard, et qu'il a déterminé la formule générale des projections représentatives des surfaces égales par des surfaces équivalentes.

(4) M. Nicolas-Auguste Tissot, ancien capitaine du génie, aujourd'hui répétiteur de géodésie à l'École polytechnique, a fait à l'Académie des sciences une série de communications *sur les cartes géographiques*, dont le résumé se trouve reproduit dans les *Comptes rendus des séances* (7 novembre 1859, pp. 673 à 676; 5 mars 1860, pp. 474 à 476; et 17 décembre 1860, pp. 964 à 969), et qui ont eu pour objet principal de déterminer la loi d'après laquelle la déformation se produit autour de chaque point, quel que soit le système de représentation; de comparer, à ce point de vue, les divers systèmes employés et proposés pour le tracé des mappemondes, et enfin de trouver par cette voie le meilleur mode de projection pour chaque contrée particulière, devançant ainsi M. Airy dans l'examen de cette question spéciale.

(5) L'occasion s'est offerte dans mes notes, et j'en ai profité, de citer la notice du capitaine Foucaut sur la construction de nouvelles mappemondes et de nouveaux atlas de géographie dans la condition de représentation des surfaces égales par des surfaces équivalentes.

ÉPILOGUE.

Après avoir fait comparaître un à un, dans le tableau historique qui précède, les divers modes de projection tour à tour proposés pour la représentation graphique des superficies terrestres, il semble nécessaire d'en récapituler sommairement toute la série sous le double aspect de l'ordre chronologique de l'invention des types, et de l'ordre de classement méthodique par groupes subordonnés aux analogies mutuelles, en remplissant à mesure, chaque fois qu'il en sera besoin, les lacunes d'une nomenclature qui laisse beaucoup à désirer.

1° RÉCAPITULATION CHRONOLOGIQUE.

Sans apporter une grande rigueur dans le contrôle des constructions qui ont droit d'être admises au rang de types originaux, il est évident que nombre d'entre elles ne sauraient prétendre à une individualité distincte, et qu'il convient de les rattacher aux procédés antérieurs, dont elles ne sont en réalité que des reproductions ou des applications prochaines à noter seulement parmi les phases de leurs destinées.

A l'origine des choses, l'homme se représenta l'ensemble des terres qu'il put connaître, à l'image de son propre champ agrandi de proche en proche jusqu'aux dernières limites atteintes ou supposées; et le plan vulgaire (l'ichnographie, comme disaient les Grecs, nos ancêtres scientifiques et littéraires) vit son cadre s'élargir ainsi jusqu'aux proportions d'une table, mappe, ou carte générale, offrant la représentation à plat du monde connu, sans autre effort que l'orientation sur les quatre points cardinaux, et l'estime des distances sur chacune de ces directions.

Ce fut un progrès, quand l'ombre solaire tournant autour des arbres et de tant d'autres gnomons naturels répandus sur la terre eut enseigné à tracer le cadran des heures, de tenir compte des gisements et des distances sur chacun de ces rayons horaires : la science moderne y découvrirait peut-être le germe d'une des projections qu'elle s'est de nos jours appliquée à perfectionner ; mais ce n'était alors qu'une simple variété du plan vulgaire, de la naïve carte plate, qui a pourvu seule aux besoins de la géographie pendant de longs siècles, qui s'est conservée longtemps encore par des applications spéciales (pour l'usage de la navigation surtout) au milieu des procédés plus habiles successivement inventés, et que nous avons même vue ressusciter triomphante au siècle dernier pour la grande œuvre graphique à laquelle reste attaché le nom de Cassini.

Si la marche apparente du soleil avait, en sa révolution diurne, constitué le cadran des heures, type de la rose des vents, sa marche annuelle, qu'on voyait tracer par la longueur inégale des ombres la courbe des déclinaisons, et le mouvement des étoiles observé de la terre immobile en apparence au centre du monde, devaient suggérer pour la représentation du ciel étoilé la projection gnomonique ou centrale, dont l'origine semble remonter jusqu'au delà du milésien Thalès le prédicteur d'éclipses, mort 548 ans avant notre ère. Depuis longtemps l'astronomie en a usé pour esquisser la trace des phénomènes célestes à la surface de la terre; Prôny, à la fin du siècle dernier, manifesta la pensée d'y assujettir les levés du cadastre; mais Reichard le premier, en 1803, en fit une application purement géographique; et nous avons recueilli en dernier lieu, dans les écrits d'un illustre géologue, l'annonce d'une série de cartes en projection gnomonique, offrant au complet le globe terrestre sur de nouveaux horizons, correlatifs aux symétries orographiques.

Il faut rapporter au temps d'Ératosthènes, c'est-à-dire à 200 ans avant notre ère, un problème de projection scénographique où il s'agissait de représenter le monde connu tel que l'œil le pourrait apercevoir d'une distance déterminée sur le prolongement de la ligne d'intersection orthogonale des plans du parallèle et du méridien moyens : Ptolémée n'était pas satisfait de la solution ancienne, ses successeurs n'ont pas eu lieu d'être satisfaits davantage de celle qu'à son tour il a proposée, et personne ne s'en est plus occupé qu'à titre de simple curiosité, comme l'a fait Schenck en 1709 sur la première feuille de son Atlas, où figurent deux petites projections scénographiques équatoriales de l'un et l'autre hémisphère (*Novi orbis* — *Veteris orbis* — *optica superficies*).

C'est à Hipparque, florissant environ 150 ans avant notre ère, qu'il convient d'attribuer, sur un témoignage explicite pour l'une, sur de simples probabilités pour l'autre, les deux projections si connues aujourd'hui sous les noms d'orthographique et de stéréographique, substitués en 1613 par le père d'Aguillon à ceux d'astrolabe de Rojas et d'astrolabe de Gemma, qui avaient déjà remplacé les noms primitifs d'Analemme et de Planisphère.

L'une et l'autre, pendant une longue succession de siècles, demeurèrent exclusivement renfermées dans le domaine de l'astronomie, et l'on peut même dire que la projection orthographique est restée sans application usuelle à la géographie, où elle ne s'est montrée en quelque sorte que comme curiosité, et à titre d'échantillon, jusqu'à l'*Atlas sphéroïdal* publié à Paris en 1843 par le graveur Laguillermie, repris ensuite et développé dans l'*Atlas sphéroïdal et universel* de Garnier.

Il n'en est pas de même pour la projection stéréographique : en 1512 Gaultier Lud de Saint-Dié l'appliquait à représenter le globe terrestre sous l'aspect polaire, en 1514 Jean Werner en dessinait le canevas sur l'horizon de Nüremberg, et Oronce Fine en 1521 en donnait le tracé sous l'aspect équatorial ; elle commença dès lors à se répandre, et l'emploi qu'en fit le grand Mercator pour la mappemonde en deux hémisphères acheva de la vulgariser ; pendant longtemps elle a dominé, surtout en Allemagne, dans les publications géographiques d'ensemble ou de détail, et bien qu'elle se rencontre moins fréquemment aujourd'hui, elle n'a point encore cessé d'être en usage.

Vers l'an 150 de notre ère, trois siècles après Hipparque, prennent leur rang chronologique les deux projections nouvelles qui reconnaissent Ptolémée pour leur auteur, ou tout au moins pour le premier qui les ait enseignées.

C'est d'abord la projection cônique simple, c'est-à-dire le développement du cône tangent sur le parallèle moyen : celle-là n'est devenue usuelle qu'en subissant des modifications ultérieures, bien que La Lande en signale encore de nombreux exemples dans le cours du XVIII² siècle.

Puis c'est la projection homéotère, que Ptolémée appliquait à la représentation du monde connu de son temps, et qui demeura oubliée pendant des siècles, jusqu'à la renaissance, où Bernard de Sylva d'Eboli en agrandit le cadre pour y faire entrer les terres nouvellement découvertes ; Apian, Gemma, Oronce Fine, et quelques autres, la reproduisirent sous cet aspect cordiforme ou turbiné, qui ne tarda cependant pas à passer de mode ; Guillaume le Testu en 1566 en fit une application curieuse aux deux hémisphères nord et sud, projetés en regard l'un sous l'autre, chacun sur le parallèle moyen respectif de 15°, exemple resté manuscrit et sans imitateur, qu'avait signalé Robert de Vaugondy, et qui se conserve au Dépôt géographique des Affaires étrangères. Quoi qu'il en soit, la projection ptoléméenne conserva ses avantages et son emploi, surtout en France, pour la représentation des régions partielles du globe ; Bonne le père en fit ressortir les mérites, et les étrangers s'habituèrent à la désigner par le nom de ce géographe, en même temps que d'Anville la consacrait par ses cartes ; enfin elle fut officiellement adoptée en 1803 au Dépôt de la guerre comme la plus satisfaisante entre toutes pour une étendue limitée.

Quelque copiste anonyme de Ptolémée introduisit, au XIV⁰ siècle, peut-être même auparavant, la projection rectiligne à méridiens convergents, en la substituant à la projection plate des cartes de détail de son modèle. Le premier des reproducteurs du géographe alexandrin dont nous puissions attacher le nom à cette construction nouvelle, est le bénédictin dom Nicolas d'Allemagne, qui lui-même dès avant 1471 avait dressé quelques cartes additionnelles. Le procédé était si facile, et les éditions de Ptolémée lui procuraient en se multipliant tant de notoriété, qu'il n'y a point à s'étonner que ce fût désormais, et pour longtemps, la construction la plus usuelle de toutes pour les cartes particulières (telles que la France de Robert de Vaugondy en 1750).

Jean Ruysch en 1508 employa d'une façon nouvelle, pour sa carte du monde entier, la projection cônique introduite en sa simplicité première par Ptolémée : au cône circonscrit du géographe grec, il substitua le cône inscrit ayant son sommet au pôle boréal et sa base à l'équateur, sauf prolongation par delà ; mais cet artifice est resté sans imitateurs.

Pierre Bienewitz (ou Apianus) mit au jour en 1524 le premier spécimen des mappemondes à parallèles rectilignes équidistants et méridiens semi-circulaires, que Cabot en 1544 exécuta sur une grande échelle, et qui fut adoptée et répandue par Bordone, le moine François, Munster, Gastaldo, Forlani, Camozzi, Oertel, Magini, DeJode, van Langeren, sous une forme ovale embrassant le monde entier, laquelle ne vécut guère au delà du xvie siècle, la séparation en deux hémisphères, dont on a fait gratuitement honneur à Thevet, ayant pris le dessus.

Henri Loritz de Glarüs en 1527, outre un canevas où il assemblait les méridiens équidistants d'Apianus avec les parallèles de la projection orthographique, fit connaître le premier la projection à tracer à plat sur le papier pour en revêtir ensuite les globes artificiels, bientôt multipliés par ce procédé, à tel point que dès 1530 ils se vendaient à Anvers et à Louvain comme accompagnement indispensable des *Éléments de cosmographie* du frison Gemma. C'est simplement une application plus large du même système de projection (dont le tracé a été rendu plus facile par un ingénieux procédé graphique de M. O'Farrel) qui a été adoptée de nos jours en Angleterre par le Département topographique du Bureau de la guerre, pour les cartes géophiques des grandes régions terrestres.

Gérard Mercator en 1554 donna le premier exemple de la compensation mutuelle des surfaces dans la projection conique, en faisant pénétrer le cône dans la sphère suivant des conditions déterminées de symétrie; l'application de cette méthode, près de deux siècles après, à une grande carte de Russie dressée sous la direction de Joseph-Nicolas Del'Isle, fit donner alors à cette projection le nom de l'astronome français: Murdoch en 1758, et surtout Albers en 1805, ont apporté des améliorations de détail dans la répartition de la compensation.

Mais ce qui a popularisé surtout le nom de Mercator, ce qui constitue son plus beau titre, c'est sa projection à latitudes croissantes, si connue sous le nom de carte réduite, dont il donna le premier exemple en 1569, et qui s'est perpétuée sans rivale pour les usages de la navigation.

Guillaume Postel en 1581 effectua le premier, dans sa mapppemonde sous l'aspect polaire, une application du principe d'équidistance respective des méridiens et des parallèles, qui constitue ce qu'on appelle aujourd'hui la projection globulaire, qui se retrouve la même dans les cartes polaires d'Octave Pisani (1637), de Mayerne Turquet (1648), de Jean Dominique Cassini (1696), et qui a été employée depuis sous l'aspect équatorial par Jean Nicolosi (1660), Pierre DuVal (1676), Nicolas De Fer (1700), Guillaume Del'Isle (1714), enfin en 1794 par Aaron Arrowsmith dont on a même voulu lui donner le nom, et depuis par bien d'autres qui l'ont rendue vulgaire de nos jours; et pourtant, par une de ces distractions dont les savants nous ont donné trop d'exemples, le mayençais Nell la proposait encore en 1852 comme une découverte en sa primeur !

En 1646 le père Fournier indiquait deux constructions nouvelles sous l'aspect équatorial, restées l'une et l'autre, à ce qu'il semble, sans application effective : l'une ayant les méridiens elliptiques équidistants de la projection homalographique avec les parallèles en arcs de cercle de la projection globulaire, dont elle se rapproche d'ailleurs beaucoup dans son ensemble, en même temps qu'elle sert de type à celle que Schmidt, sans plus de succès, proposait en 1803 ; l'autre recoupant les mêmes méridiens homalographiques par les parallèles rectilignes de la projection orthographique, et ffrant ainsi la plus grande analogie avec celle du gla-réan Loritz, à méridiens circulaires.

Nicolas Sanson en 1650 fit le premier usage connu de la projection à parallèles rectilignes et méridiens sinusoïdaux, respectivement équidistants; employée cinquante ans après par l'anglais Flamsteed pour son Atlas céleste publié seulement en 1729, elle est vulgairement désignée contre toute justice par le nom de cet astronome.

La Hire en 1701 proposa la projection perspective qui aurait son point de vue à une distance déterminée en dehors de la sphère concave; Parent en 1702, Jean Lowry en 1824, le colonel James en 1858 et le capitaine Clarke en 1862, ont cherché à calculer la distance du point de vue qui procurerait la représentation la plus satisfaisante, les premiers en conservant le plan de projection au centre de la sphère, les autres en le rapprochant du point de vue pour embrasser du regard les deux tiers du globe. Des difficultés d'exécution, qui exigeaient un léger effort contre des habitudes de routine, ont rendu presque nulle jusqu'à ce jour l'application du principe perspectif de La Hire.

Murdoch en 1758, outre les essais de projection conique équivalente qui rentraient dans le développement du cône sécant de Mercator, et qu'a effacés le perfectionnement ultérieur d'Albers, proposa une projection conique à échelle variable, qui fut en 1805 exposée avec plus de précision et de clarté par ce même Albers, employée de 1817 à 1822 pour l'Atlas céleste de Harding, comprise en 1822 dans les applications de la formule générale de Gauss, comme aussi en 1860 dans la formule plus restreinte de Herschel, et pratiquée en dernier lieu pour la carte de Russie publiée par la Société géographique de Saint-Pétersbourg.

Lambert en 1772 enseigna tout à la fois un nouveau système de projection, et de nouvelles méthodes d'application des projections déjà connues, soit que préoccupé surtout de l'équivalence des surfaces il inventât la projection zénitale à verticaux représentés par leurs cordes, avec transformation ultérieure des coordonnées ; soit qu'ayant préférablement égard aux distances, il développât en ligne droite, dans une construction analogue, les arcs verticaux eux-mêmes ; soit encore que revenant à l'équivalence des superficies, il fît passer par le zénit quelconque, et dans la direction de la plus grande extension des terres à représenter, le cercle d'osculation de la surface cylindrique équivalente à celle de la sphère. Lorgna (1789), Cagnoli (1801), Textor (1808), ont vainement essayé tour à tour de s'approprier quelqu'une de ces ingénieuses inventions du grand géomètre : c'est un suffisant honneur pour chacun d'eux, que d'avoir son nom inscrit au-dessous de celui de Lambert, et peut-être cet honneur est-il même disproportionné à l'égard du premier.

Mollweide en 1805 décrivit le premier la projection à méridiens elliptiques équidistants et à parallèles rectilignes espacés d'après la loi d'équivalence des surfaces, pour laquelle M. Babinet en 1857 a proposé la dénomination de projection homalographique, et à laquelle il a contribué à donner un certain retentissement au moyen de toute une série d'atlas publiés sous son nom.

Albers, également en 1805, détermina la formule du développement cônique dans des conditions d'équivalence complète des surfaces en leurs moindres parcelles aussi bien qu'en leur étendue totale ; et Reichard en 1817 a fait l'application de cette méthode à une carte générale de l'Europe.

Enfin l'astronome royal Airy en 1861 a proposé la formule d'une projection nouvelle où il a eu le dessein de tenir la balance égale entre les défauts extrêmes de distorsion des formes ou d'inégalité des surfaces, sans que ses efforts aient obtenu un succès incontesté.

2° CLASSIFICATION ET NOMENCLATURE.

Tous ces modes divers de représentation à plat de la surface du globe terrestre offrent entre eux, dans leurs formes, leurs propriétés, ou leur principe, des analogies et des dissemblances qui autorisent à les ranger par catégories distinctes.

Le simple dessinateur peut se borner à y reconnaître des tracés *rectilignes*, *curvilignes*, ou *mixtilignes*. Mais pour celui qui regarde au fond des choses, les constructions planes de la sphère étant soumises à deux conditions qu'il est impossible de remplir à la fois d'une manière absolue, elles doivent être classées en trois groupes, suivant qu'elles respectent exclusivement l'harmonie des configurations, ou qu'elles sacrifient uniquement à l'équivalence des surfaces, ou qu'elles s'appliquent à concilier dans une certaine mesure les exigences de configuration ou de superficie qui ne peuvent être simultanément satisfaites ; et pour affecter à chacun de ces groupes une désignation commode qui leur manque chez nous, on y pourrait distinguer des représentations tour à tour *orthomorphes*, *équivalentes*, ou *compensatives*, répondant aux indications anglaises d'Airy : *No distortion, Unchanged areas, Balance of errors*. Enfin pour celui qui, sans s'arrêter à ces classifications artificielles, veut remonter au principe même d'où émanent ces divers ordres de constructions graphiques, il faut les ranger en trois autres catégories, savoir, les *projections perspectives*, les *développements* de surfaces osculatrices ou pénétrantes, et les *systèmes conventionnels*.

Pour beaucoup de ces constructions il existe des dénominations spéciales, d'une justesse plus ou moins contestable sous le rapport de la signification étymologique ou de l'application exclusive, mais ayant l'immense avantage d'être généralement acceptées. Je n'ai garde de prétendre y rien changer, et quelque désirable qu'il pût être de voir s'établir une nomenclature homogène et raisonnée, j'en laisse le soin à de plus hardis, à de plus autorisés; me bornant à remplir, d'une manière simplement provisoire, les lacunes qui n'ont encore été suppléées que par des noms propres presque toujours inconsidérément appliqués. Il faut ajouter de plus quelques appellations d'ensemble pour aider à la coordination des détails. Je me suis étudié dans tous les cas à n'employer que des mots dont la signification caractéristique se présente d'elle-même à leur simple énoncé.

En considérant d'abord le groupe des projections perspectives, il est naturel d'en établir la distribution en prenant pour caractère distinctif la situation relative du point de vue à l'égard de la sphère à projeter. Or une première distinction est sollicitée par la manière dont la sphère elle-même se présente à l'œil, tantôt par sa face convexe, tantôt par sa face concave : sous ce rapport, les projections pourraient être désignées, dans le premier cas par l'épithète d'*exotères*, dans le second par celle de *cœloscopiques*.

Dans les premières, le point de vue est tantôt à une distance déterminée, dans les conditions d'aspect que Vitruve désigne par le mot de " scenographia ", tantôt à une distance infinie, ce qui produit l'aspect désigné dans l'œuvre du savant romain par le mot de "orthographia" : appelons donc projection *scénographique* celle qu'avait proposée Ératosthènes et qui se trouve dans le premier cas; et continuons d'appeler *orthographique* celle qui portait dans l'origine le nom d'Analemme (donné aussi parfois à l'Horoscope) et qui semble pouvoir être attribuée à Hipparque, auquel Ptolémée a emprunté la plus grande partie de ses connaissances astronomiques.

Dans les projections cœloscopiques, le point de vue est tantôt placé au centre de la sphère, et la projection est alors *centrale;* tantôt il est situé à la périphérie même, et l'on obtient dans ce cas la projection pour laquelle le père d'Aguillon a introduit la dénomination de *stéréographique*, et dont on rapporte avec certitude l'origine à Hipparque, sous le nom de Planisphère;

tantôt enfin l'œil s'éloigne à une distance déterminée en arrière du globe, et peut-être les projections qui résultent de cette condition nouvelle seraient-elles convenablement caractérisées par le mot d'*opistères* (1), auquel il faudrait adjoindre une épithète corrélative à la subdivision établie entre celles dont le plan de projection passe par le centre de la sphère, et celles pour lesquelles il est en arrière de ce même centre, ce qui pourrait être exprimé par les mots d'*homocentriques* et d'*apocentriques*; sauf à préciser, dans l'une et dans l'autre de ces subdivisions, soit par un chiffre, soit par par un nom propre, chacun des cas particuliers qui résultent de la mesure du recul, telle que l'ont successivement proposée, d'une part La Hire, Parent, ou Lowry, et d'autre part le colonel James ou le capitaine Clarke.

La catégorie des représentations graphiques obtenues par le développement de surfaces osculatrices ou pénétrantes se prête d'elle-même à une distinction toute naturelle entre celles qui sont engendrées par le cylindre et celles qui tirent leur origine du cône : seules surfaces de révolution qui soient régulièrement développables sur un plan.

En considérant d'abord les développements cylindriques, on en peut reconnaître trois espèces bien déterminées.

La première comprend les cartes *plates*, entre lesquelles il faut distinguer : — d'une part celle qu'on pourrait appeler *carrée*, et qui est produite par le cylindre

---

(1) Ὀπίστερος, postérieur.

circonscrit à l'équateur, offrant par conséquent tous les degrés de longitude et de latitude uniformément égaux au degré équatorial et formant ainsi autant de carrés parfaits; — d'autre part celle qu'on désignerait par la dénomination de *parallélogrammatique*, engendrée par le cylindre pénétrant dont la section circulaire coïncide avec le parallèle moyen, offrant dès lors, avec les degrés de latitude uniformément égaux au degré équatorial, tous les degrés de longitude uniformément égaux à celui du parallèle moyen, et formant ainsi autant de parallélogrammes rectangles plus ou moins allongés : cette construction est la plus ancienne de toutes, et c'est celle que l'antiquité classique établissait sur le parallèle de Rhodes ; tandis que la carte plate carrée, beaucoup plus moderne, est la seule dont on pût avoir la pensée de faire honneur au prince Henri de Portugal, si l'on oubliait que lui-même l'avait apprise des Catalans.

La carte *réduite* ou projection de Mercator constitue à elle seule la deuxième espèce des développements cylindriques.

La troisième espèce de ces projections pourrait être caractérisée par l'épithète d'*isocylindrique*, qui porte avec soi sa définition. Elle offre deux variétés, d'après la condition de pénétration ou de simple osculation du cylindre générateur. Dans le premier cas, dont le capitaine De Prépetit Foucaut s'est occupé à titre de curiosité théorique bien plutôt que d'application utile, les degrés de latitude s'allongent ou se raccourcissent proportionnellement à la grandeur du degré de longitude sur le parallèle choisi comme thème du développement, de manière à obtenir, par la combinaison d'une base fixe et de hauteurs variables, des rangées de rectangles d'une surface respectivement équivalente à celle des trapèzes correspondants sur le globe : on pourrait l'appeler spécifiquement *sténotère* (1), puisqu'il offre toujours une figure totale plus étroite que le développement du cylindre osculateur.

L'autre variété de projection isocylindrique, signalée par les applications magistrales de Lambert, et qu'il semble opportun de distinguer par l'épithète de *normale*, a pour principe le théorème d'Archimède sur l'équivalence parfaite, dans leur ensemble comme dans leurs parties homologues, des superficies courbes du cylindre et de la sphère égaux de diamètre et de hauteur. Elle présente trois cas spécialement distincts, qu'il est aisé de caractériser par les simples épithètes de *directe*, *transverse*, et *oblique*, suffisamment énonciatives de trois conditions d'osculation, dont les deux dernières entraînent des transformations de coordonnées, particulièrement étudiées par Albers dans le cas d'osculation oblique.

Les développements côniques ne sont pas moins variés, et des analogies plus ou moins nombreuses sembleraient en devoir suggérer le classement sous des rubriques parallèles ; mais ce serait sacrifier la justesse à la symétrie, et il vaut mieux s'en tenir aux caractères diacritiques directement offerts par les projections mêmes.

---

(1) Στενότερος, plus étroit.

La distinction la plus naturelle se manifeste de prime-abord entre les développements respectifs du cône tangent, d'une part, et du cône sécant, d'autre part.

La première de ces constructions remonte à Ptolémée; elle est connue sous la dénomination de projection *cônique simple*.

Celles qu'engendre le cône sécant se présentent dans diverses conditions, et pourraient être désignées en commun par l'appellation de *pénétratives*, rappelant expressément qu'elles résultent de la pénétration mutuelle du cône et de la sphère; on distinguerait ultérieurement entre elles :

D'une part la projection *isocônique*, susceptible à son tour d'une subdivision qui ferait état séparé, — d'abord de l'équivalence d'ensemble introduite en 1554 par Mercator, employée en 1745 par Del'Isle l'astronome dont Euler lui donnait le nom, concentrée dans des limites plus précises en 1758 par Murdoch, et à laquelle on pourrait affecter spécifiquement l'épithète de *holoschère* (1), — puis de l'équivalence en toutes les parties, obtenue en 1805 par Albers, et à laquelle pourrait convenir la qualification d'*isomère* (2);

Et d'autre part la projection *cônique orthomorphe* (3), entrevue plutôt qu'établie en 1758 par Murdoch en ses additions, exposée en 1805 par Albers avec la précision qu'elle avait jusqu'alors laissé à désirer, pratiquée en 1817 par Harding, et théoriquement formulée par Gauss en 1822 et par Herschel en 1860.

(1) Ὁλοσχερής, en gros.
(2) Ἰσόμοιρος, également partagé.
(3) Ὀρθῶς μορφήεις, régulièrement configuré.

Les systèmes conventionnels de construction graphique du globe peuvent paraître dès l'abord difficiles à distribuer méthodiquement par familles; mais si l'on réfléchit qu'ils ne sauraient être le produit d'un caprice absolu, et qu'ils ont dû être inspirés tour à tour par quelqu'une des projections normales aux inconvénients desquelles l'esprit s'ingéniait à chercher remède, on comprendra bientôt qu'une distribution naturelle de ces créations, qui ne sont réellement arbitraires qu'à demi, se trouve par le fait implicitement contenue dans le classement que nous venons de proposer à l'égard des deux précédentes catégories.

Il est donc tout simple de commencer par une distinction fondamentale entre les systèmes rattachés par leurs analogies les plus prochaines aux projections perspectives, et ceux qui ont pris naissance dans des modifications expresses aux types réguliers des projections par développement.

Les premiers, qu'on pourrait appeler *pseudo-perspectifs*, se partagent en deux séries bien tranchées, caractérisées respectivement par la rectitude ou la courbure des parallèles, en sorte que les dénominations de *rectiparallèles* et *curviparallèles* se trouvent parfaitement justifiées par le sens, sinon par l'euphonie.

Parmi les systèmes pseudo-perspectifs rectiparallèles, qui tous ont leur germe dans la projection orthographique normale, il en est un qui n'en diffère que par l'équidistance des méridiens substituée à leur espacement décroissant du centre à la circonférence, et cette affinité plus grande semble autoriser l'application spéciale de la dénomination de *pseudorthographique* : c'est l'une de celles que proposait en 1646 le père Fournier, et dont peut-être il avait emprunté l'idée au glaréan Henri Loritz, qui recoupait les parallèles de la projection orthographique par des méridiens équidistants circulaires : système à comprendre sous la même appellation, sauf à rappeler leur distinction mutuelle par les noms propres de leurs auteurs. — A côté vient se placer la construction plus symétrique d'Apian et de Cabot, vulgarisée par Munster et Oertel, où les parallèles sont ramenés à l'équidistance en même temps que les méridiens, qui d'elliptiques sont devenus circulaires : à défaut d'autre désignation, pourquoi ne lui laisserais-je pas celle de *symétrique*, telle que sans la chercher elle s'est présentée sous ma plume? elle convient également bien, et au canevas purement hémisphérique, et à la représentation du globe entier en une seule figure élargie en ovale.

A la même série appartiennent encore deux constructions qui ont droit en commun à l'épithète d'*équivalentes :* — L'une, prenant pour base les parallèles rectilignes équidistants, mesure la longitude de chacun d'eux par le cosinus de sa latitude : c'est celle que Sanson le père mit en circulation dès 1650, et que l'ignorante insouciance de ses compatriotes a laissé, quatre-vingts ans après, usurper au profit d'une renommée étrangère : le nom de sinusoïde étant admis pour désigner la courbe qui en constitue les méridiens, il est naturel de donner à la projection même l'appellation de *sinusoïdale*. — L'autre, au contraire, prenant pour base les méridiens elliptiques équidistants, détermine l'espacement des parallèles suivant une règle formulée en 1805 par Mollweide ; c'est celle que Babinet a spécifiée par le nom d'*homalographique*, généralement accepté aujourd'hui sur une telle autorité, et dont il serait superflu, quelque raison qu'on en pût avoir, de contester la justesse étymologique.

Les systèmes pseudo-perspectifs curviparallèles ont tous uniformément leurs racines dans les projections cœloscopiques opistères, dont celle de La Hire est le type original. Mais entre ces divers systèmes il en est un surtout qui offre la plus étroite ressemblance avec le type normal, dont il a même devancé l'apparition : c'est le système qu'Arrowsmith le père a doté spécifiquement du nom de *globulaire*, lequel avait eu précédemment une application beaucoup plus large. Considéré sous l'aspect polaire, il remonte à Guillaume Postel en 1581, sous l'aspect équatorial au sicilien Jean Nicolosi en 1660 ; et Lambert, copié en 1801 par Cagnoli, en a enseigné en 1772 l'application sous l'aspect horizontal, par la transformation des coordonnées d'une construction zénitale.

Bien voisin du système globulaire équatorial est celui que le père Fournier recommandait en 1646, et qui associe des méridiens elliptiques équidistants avec des parallèles circulaires menés par les divisions égales du méridien moyen et des méridiens extrêmes. Peut-être faudrait-il, en théorie, distinguer de cette construction celle de Schmidt, qui décrit ses parallèles par les divisions égales de tous ses méridiens, pareillement elliptiques ; mais il serait bien difficile de constater pratiquement une différence sensible entre les courbes des parallèles de l'un et de l'autre système : il n'est donc que sage de les comprendre tous les deux sous une appellation commune, celle de *subglobulaire* (ou de *pseudo-globulaire*) par exemple, sauf à conserver, au besoin, à chacun d'eux le nom de son auteur.

Dans la même série vient se ranger la construction zénitale *isosphérique* de Lambert, qui fournit par une application directe la projection polaire, copiée en 1789 par Lorgna, et qui produit à volonté, par la transformation des coordonnées, les représentations équatoriale ou horizontale correlatives.

Enfin il y a lieu d'inscrire sur la même liste la construction proposée par l'astronome Airy, et à laquelle semble convenir la dénomination spécifique de *compensative*, qui n'est, au surplus, qu'une traduction de la dénomination anglaise de "Balance of Errors".

Les constructions graphiques formant la seconde grande division des systèmes conventionnels pourraient, par motif de symétrie, recevoir en commun le nom de *pseudo-développements;* et par une conséquence immédiate, ils doivent être distingués en deux subdivisions auxquelles appartiendraient respectivement les appellations de *pseudo-cylindrique* et de *pseudo-cônique* (ou *conoïde*). Mais il en faut ajouter une troisième, qu'on appellerait *pseudo-sphérique*, constituée par le système de construction qui traduit en cartes géographiques, par une sorte d'artifice comparable à un étirement marginal plutôt qu'à un développement, la surface terrestre supposée extensible.

(149)

Chacune de ces subdivisions ne renferme qu'une seule espèce de construction :

La première est née au plus tard dans le XIVe siècle par une modification matérielle de la carte plate parallélogrammatique des Grecs, dont les méridiens ont obéi à un mouvement de convergence qui les rend plus ou moins obliques sur les parallèles, et substitue ainsi des trapèzes aux rectangles de l'original, en sorte que la dénomination de *trapéziforme* semble lui convenir tout spécialement.

La seconde est expressément enseignée par Ptolémée comme une amélioration directe du développement cônique simple, et par lui qualifiée à ce titre de l'appellation d'*homéotère*, qu'il y aurait, ce semble, toute convenance à lui laisser, effaçant d'ailleurs à tout jamais la singulière et absurde dénomination de "projection de Flamsteed modifiée", qu'une incompréhensible inadvertance avait pu seule, en un jour d'aberration étrange, introduire dans la nomenclature scientifique, et que le "servile troupeau" des copistes, abréviateurs et compilateurs, avait propagée avec cette facilité qui semble réservée par privilége aux plus grosses bévues.

La dernière espèce de construction qu'il me reste à placer à son rang, et dont la plus ancienne mention connue se rencontre en 1527 dans la petite Géographie du glaréan Henri Loritz, remplace un développement impossible de surfaces par une série de développements partiels des coordonnées, traitant successivement tous les parallèles comme les cercles d'osculation d'autant de cônes différents, dont en même temps les génératrices respectives s'ajustent bout à bout de proche en proche pour former le tracé des méridiens : comme chaque cercle d'osculation a pour rayon projectif la cotangente de sa latitude, le nom de *cotangentielle* me semble acceptable pour désigner caractéristiquement cette construction.

Ainsi se trouve épuisée la liste générale, assurément incomplète (par une négligence volontaire en certains cas), et cependant déjà bien longue, que j'ai tenté de reproduire avec quelque méthode dans cet essai de classement, qui se peut synoptiquement résumer en un tableau médiocrement étendu, tel que je le joins ici.

Cette revue historique des divers procédés de construction des cartes de géographie, leur classification synthétique, leur nomenclature surtout, — je le rappelle avec insistance pour que nul ne s'y puisse méprendre, — je ne les offre ici que comme de simples et insuffisants aperçus : heureux s'ils provoquent de plus habiles à frayer magistralement cette voie où je me suis peut-être imprudemment risqué, mais qu'il me semblait honteux pour la patrie des Sanson, des De-l'Isle, des Bonne et des d'Anville, de délaisser si complétement, que la vérité y est étouffée par la masse d'erreurs qui y pullulent.

TABLEAU

(151)

AUTRES OUVRAGES DU MÊME AUTEUR.

Essais historiques sur le Bigorre, accompagnés de remarques critiques, de pièces justificatives, de notices chronologiques et généalogiques (avec une carte du Bigorre); 2 vol. in-8°. Bagnères, 1823.
Notice sur l'apparition nouvelle d'un prophète musulman en Afrique; br. in-8°. Paris, 1829.
Réponse aux objections élevées en Angleterre contre l'authenticité du voyage de Caillié à Ten-Boktoue (avec le fac-simile d'un dessin du voyageur et un plan de Ten-Boktoue esquissé sous sa dictée); br. in-8°. Paris, 1830.
Examen et rectification des positions déterminées astronomiquement en Afrique par Mungo Park, Mémoire lu à l'Académie des sciences; br. in-8°. Paris 1834.
Études de géographie critique sur une partie de l'Afrique septentrionale (avec une carte); 1 vol. in-8°. Paris, 1836.
Esquisse générale de l'Afrique; aspect et constitution physique, histoire naturelle, ethnologie, linguistique, état social, histoire, explorations et géographie; 1 vol. grand in-18° sur jésus. Paris, 1837.
Notice des travaux de la Société de géographie de Paris, et du progrès des sciences géographiques pendant l'année 1836; br. in-8°. Paris, 1837.
Analyse géographique du voyage de René Caillié chez les Maures de Berakna en 1824 et 1825 (avec une carte); br. in-8°. Paris, 1838.
Relation des Mongols ou Tartares, par le frère Jean du Plan de Carpin, de l'ordre des frères Mineurs, légat du saint-siège apostolique, nonce en Tartarie pendant les années 1245, 1246, 1247, et archevêque d'Antivari; première édition complète publiée d'après les manuscrits de Leyde, de Paris et de Londres, et précédée d'une Notice sur les anciens voyages de Tartarie en général, et sur celui de Jean du Plan de Carpin en particulier (avec une carte de l'Asie centrale au XIIIe siècle, et un fac-simile de manuscrits); 1 vol. in-4°. Paris, 1838.
Abd-el-Kader et sa nouvelle capitale (avec un plan du site de Tèqdemt); br. in-4°. Paris, 1840.
Analyse géographique d'un voyage au lac Paniéfoul et au pays de Yolof en 1839 (avec une carte). — Note sur quelques itinéraires de l'Afrique septentrionale. — Note sur les documents recueillis jusqu'à ce jour pour l'étude de la langue berbère, et sur divers manuscrits anciens en cette langue qu'il importe de rechercher; br. in-8°. Paris, 1840.
Aperçu des parties explorées du Niger et de celles qui restent à explorer; br. in-8°. Paris, 1841.
Essai sur la géographie du pays de Sçoumai à l'extrémité de l'Afrique orientale (avec une carte); br. in-8°. Paris, 1842.
Deux notes sur d'anciennes cartes historiées, manuscrites, de l'école catalane; br. in-8°. Paris, 1844.
Description et histoire de l'Afrique ancienne, précédée d'une esquisse générale de l'Afrique; 1 vol. in-8°. Paris, 1845.
Notice sur le pays et le peuple des Yébous en Afrique (avec une carte et un double portrait); 1 vol. in-8°. Paris, 1845.
Les iles fantastiques de l'Océan occidental au moyen âge, fragment inédit d'une histoire des îles de l'Afrique; br. in-8°. Paris, 1845.
Notice des découvertes faites au moyen âge dans l'océan Atlantique, anté-

rieurement aux grandes explorations portugaises du XVᵉ siècle ; 1 vol. gr. in-8°. Paris, 1845.

NOTE sur la première expédition de Béthencourt aux Canaries, et sur le degré d'habileté nautique des Portugais à cette époque ; br. gr. in-8°. Paris, 1846.

NOTE sur la véritable situation du mouillage marqué au sud du cap de Bugeder dans toutes les cartes nautiques ; br. in-8°. Paris, 1846.

FRAGMENTS d'une notice sur un atlas manuscrit vénitien de la bibliothèque Walckenaer ; fixation des dates des diverses parties dont il se compose ; br. in-8°. Paris, 1847.

DESCRIPTION et histoire des îles de l'Afrique ; 1 fort vol. in-8°. Paris, 1848.

CHRONOLOGIE des ministres et secrétaires d'État de la marine et des colonies ; demi-feuille in-8°. Paris, 1849.

ÉTUDES de géographie critique sur l'Afrique intérieure occidentale ; br. in-8°. Paris, 1849.

NOTE sur un atlas hydrographique manuscrit exécuté à Venise dans le XVᵉ siècle, et conservé aujourd'hui au Musée britannique (avec un fac-simile) ; in-8°. Paris, 1850.

ÉTHICUS et les ouvrages cosmographiques intitulés de ce nom, mémoire lu à l'Académie des Inscriptions et Belles-Lettres, suivi d'un appendice contenant la version latine, attribuée à saint Jérôme, d'une cosmographie supposée écrite en grec par le noble istriote Éthicus, publiée pour la première fois avec les gloses et les variantes des manuscrits ; 1 vol. in-4°. Paris, 1852.

GRANDS et petits géographes grecs et latins ; esquisse bibliographique des collections qui en ont été publiées, entreprises ou projetées ; et revue critique du volume des petits géographes grecs, avec notes et prolégomènes de M. Charles Müller, compris dans la Bibliothèque des auteurs grecs de M. Ambroise Firmin Didot ; 1 vol. in-8°. Paris, 1856.

CONSIDÉRATIONS géographiques sur l'Histoire du Brésil ; examen critique d'une nouvelle Histoire générale du Brésil récemment publiée en portugais à Madrid par M. F. A. de Varnhagen ; rapport fait à la Société de géographie de Paris (avec deux cartes) ; 1 vol. gr. in-8°. Paris, 1857.

ANCIENS TÉMOIGNAGES historiques relatifs à la Boussole ; trois quarts de feuille in-8°. Paris, 1858.

LES VOYAGES d'Améric Vespuce au compte de l'Espagne et les mesures itinéraires employées par les marins espagnols et portugais des XVᵉ et XVIᵉ siècles, pour faire suite aux Considérations géographiques sur l'Histoire du Brésil ; 1 vol. gr. in-8°. Paris, 1858.

L'EXPÉDITION GÉNOISE des frères Vivaldi à la découverte de la route maritime des Indes orientales au XIIIᵉ siècle, lettre au rédacteur des Nouvelles annales des voyages, à l'occasion d'un récent mémoire de M. Georges Henri Pertz à ce sujet (avec un post-scriptum) ; br. in-8°. Paris, 1859.

APERÇUS historiques sur la Boussole et ses applications à l'étude des phénomènes du magnétisme terrestre ; br. in-8°. Paris, 1860.

SUR UN GLOBE TERRESTRE trouvé à Laon, antérieur à la découverte de l'Amérique (avec une carte) ; br. in-8°. Paris, 1861.

NOTICE sur la mappemonde historiée de la cathédrale de Héréford, détermination de sa date et de ses sources ; esquisse résumée d'une étude complète de ce monument géographique ; br. in-8°. Paris, 1862.

RESTITUTION de deux passages du texte grec de la Géographie de Ptolémée, aux chapitres V et VI du septième livre ; br. in-8°. Paris, 1862.

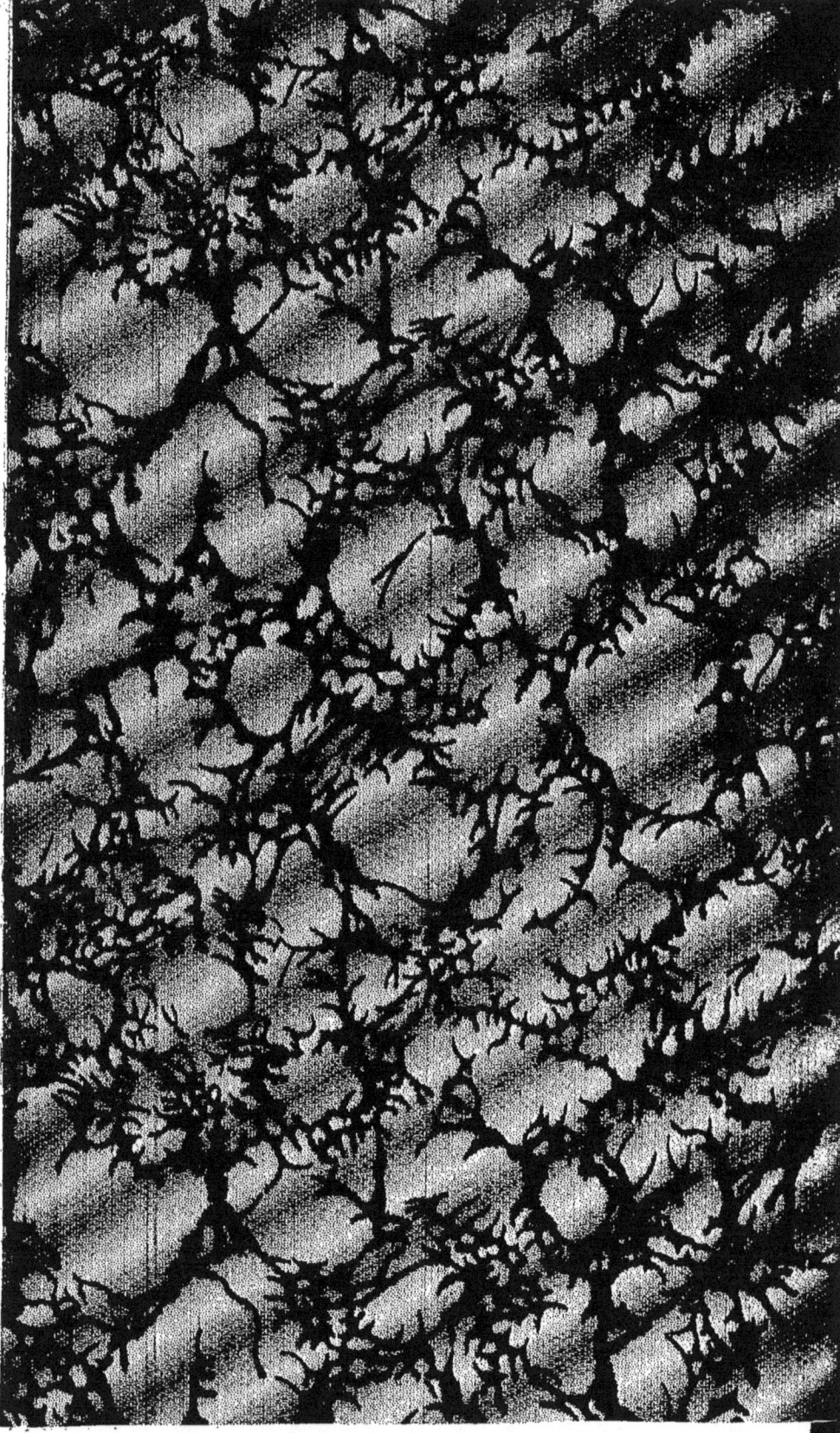

www.ingramcontent.com/pod-product-compliance
Lightning Source LLC
Chambersburg PA
CBHW070701100426
42735CB00039B/2415